KB138074

마이너스 계좌라면 반드시 읽어야 할

세력주
매매 공식

마이너스 계좌라면 반드시 읽어야 할

세력주
매매 공식

초판 1쇄 발행 2022년 4월 5일
초판 7쇄 발행 2024년 3월 27일

지은이 와조스키

발행인 장상진
발행처 (주)경향비피
등록번호 제2012-000228호
등록일자 2012년 7월 2일

주소 서울시 영등포구 양평동 2가 37-1번지 동아프라임밸리 507-508호
전화 1644-5613 | **팩스** 02) 304-5613

ISBN 978-89-6952-501-7 03320

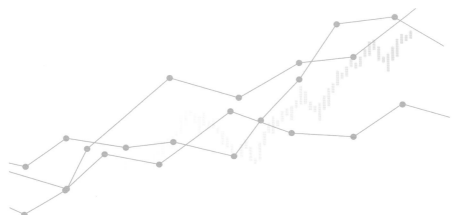

마이너스 계좌라면 반드시 읽어야 할

세력주
매매 공식

와조스키 지음

왜 내가 사면 떨어지고 내가 팔면 오르는가?

경향BP

세력주 가치투자를 하라

어떻게 하면 의미 있는 책이 될까?

어떻게 하면 책을 읽고 독자가 수익을 낼 수 있을까?

많은 고민을 했다. 5년 가까이 주식 유튜브 채널을 운영하면서 여러 투자자를 만나 왔다. 초보자부터 경험이 많은 투자자들과 교류하면서 느낀 점이 많다.

성공하는 사람은 왜 성공하는가?

실패하는 사람은 왜 실패하는가?

이 부분에 대해 어느 정도 '통계'가 잡혔다.

통계란 확률이다. 주식 투자는 우연히 만들어지는 결과물이 아니다. 주식 시장은 명백하게 실력자와 비실력자가 구분되는 곳이다. 잘하던 사람이 하루아침에 무너지는 곳이 아니다. 잘하는 사람은 성공의 법칙을 알고 있고, 실패하는 사람은 실패의 법칙을 따르고 있다.

그럼 어떤 사람이 성공하는가?

글을 읽는 독자가 어떻게 해야 성공적인 투자를 할 수 있을까?

그 부분에 초점을 맞춰 글을 썼다.

필자는 감히 여러분이 이 책으로 인해 좋은 결과를 낼 수 있으리라고 확신한다. 왜냐하면 세력주에는 공통의 패턴이 있기 때문이다. 그것을 알아내면 답을 얻고 성공의 길로 갈 수 있다. 이 책은 '세력주 가치투자법'을 다루었다. 이 책을 이해하게 되면 많은 투자자가 어렵지 않게 수익을 낼 수 있을 것이다.

주식 시장은 대부분의 투자자가 3년을 채 버티지 못하고 떠나는 곳이다. 그 기간 안에 손실이 누적되어 더 이상 주식 시장에서 버틸 수가 없게 되는 것이다. 그렇다면 개인들이 왜 대부분 투자에 실패하게 될까? 내용을 보면 거의 대부분 급등주 매매를 하다가 손실을 보는 경우가 많다.

급등주는 호재를 발생시키고 주가가 상승한다. 잘 모르는 투자자는 호재만 믿고 고점에서 매수하여 큰 손실이 나는 경우가 꽤 많다. 이런 상황이 몇 번만 반복되면 돌이킬 수 없는 결과를 맞이하게 된다. 대부분의 투자자는 이런 과정으로 손실을 입고 주식 시장을 떠나게 된다.

손실이 누적되면 사람의 심리는 무너지게 된다. 더 조급해지고 더 섣불리 매수하게 된다. 손실을 보면 어떤 사람이건 '백이면 백' 똑같은 심리가 발동한다. 그래서 악순환에 빠지고 주식이 투자가 아닌 '도박'이 되는 것이다.

급등주에 편입하여 수익을 내는 과정은 쉽지 않다. 주식 고수들도 예상치 못한 상황으로 손절할 때가 많은 시점이 바로 급등 시점이다. 필자는 개인 투자자 여러분은 준비가 철저하게 된 상태가 아니라면 이런 시점에서는 매수하지 말라고 당부한다. 이유는 이 과정에서 성공한 사람보다 실패하여 돌이킬 수 없는 상처를 입고 주식 시장을 떠나는 사람들을 많이 봤기 때문이다.

개인 투자자라면 급등주 매매를 하지 말고, 세력주 가치투자를 하라고 조언한다. 세력주 가치투자란 세력이 매집했다는 확신 하에 저점에서 주식을 사는 것이다.

대부분의 투자자는 본업이 있는 상태에서 투자를 한다. 즉 직장인 투자자가 많다는 말이다. 본업을 신경 쓰기도 힘든데 하루 만에 -10%, -20%까지 오르락내리락하는 주식에 투자하는 것 자체가 옳지 못하다. 아무리 대응을 잘해도 기껏해야 손실을 줄이거나 순식간에 일어나는 상황에서 매도를 잘하여 수익을 보고 나오는 것이다.

직장 업무 때문에 순간의 대응을 못하여 손실이 더 커지는 경우도 꽤 많다. 전혀 대응하지 못하여 하한가를 맞는 경우도 종종 있다. 직장인 투자자라면 이런 불리한 상황에서 매매하는 것을 멈춰야 한다. 자신의 상황과 형편에 맞는 합리적인 매매 방법을 찾아야 한다. 주가 하락의 영향을 덜 받고 여유 있게 매도할 수 있는 자리에서 매수해야 한다는 것이다.

여러분에게는 감정 기복이 덜 생기면서 합리적 판단과 시간차를 두고 판단할 수 있는 매매법이 필요하다. 단기매매는 빠른 시일 안에 손실을 보게 만들어 사람의 심리를 무너지게 만든다. 그렇게 되면 아무 종목이나 될 대로 되라식으로 매매를 하게 된다. 스스로 무덤을 파고 들어가는 것과 같다. 될 대로 되라식 매매가 성공했다면 누구나 돈을 벌었을 것이다. 하지만 주식 시장은 그렇게 쉬운 곳이 아님을 여러분도 잘 알고 있다.

그렇기 때문에 더욱 더 천천히 가야 한다. 천천히 갈 때 오히려 돈을 버는 경험을 꼭 해야 한다. 그 자신감이 있어야 스윙매매, 단기스윙, 단타매매, 초단타매매 등으로 발전할 수 있다.

이 책을 통해 천천히 가는 방법을 배우고 확실하게 오르는 주식의 패턴을 배우길 바란다. 세력주를 이야기한다고 해서 막연한 음모론을 말하고자 하는 것이 아니다. 차트 패턴에 관해 알려 주며 잘 오르는 주식의 특징에 대해 설명할 것이다.

이 책이 스쳐 가는 주식 책이 아닌 주식인들에게 필독서가 되길 바란다. 그것이 필자에게도 보람된 일이 되기 때문이다. 이 책을 통해 수익을 경험하는 사람들이 늘어나길 바란다. 여러분의 성공 투자를 응원한다.

와조스키

차례

1장

왜 세력주 매매 기법을
알아야 하는가?

먼저 세력주란 용어에 대해 정리할 필요가 있다. 주식 시장은 겉으로 볼 때는 합리적인 시장으로 보일지 모르겠지만 시장 안으로 들어가 각 종목의 움직임과 내면을 자세히 보면 상식대로 움직이기보다 어떤 특정 자본 세력에 의해 좌우되는 곳임을 알 수 있다.

주가가 하염없이 밑으로 떨어질 때 주가 하락을 멈출 수 있는 것은 개인 투자자가 아니다. 반대로 주가가 계속 상승할 때 상승의 출발 지점을 만드는 것 역시 개인 투자자가 할 수 있는 일이 아니다. 일관성을 가진 자금이 투입되어 목표 지점에 도달할 때까지 매수를 꾸준히 하거나 매도를 꾸준히 하는 것, 그것을 세력이라 이해할 수 있다.

즉 세력주란 주가의 방향이 이미 결정 난 주식을 의미한다. 큰 자본 세력이 A란 회사의 주식을 올리기로 마음먹었다면 A회사는 결국 세력이 정해 놓은 목표 지점까지 오르게 된다. 또 B라는 회사의 주식을 싸게 매입하고 싶은데 기존 투자자들이 물량을 내놓지 않으면 물량을 내놓을 때까지 자신들이 보유한 물량으로 주가를 하락시켜 주식을 매도하게끔 유도한다.

이 책에서 필자가 말하는 세력주는 단순한 자본 세력을 의미하기보다 특정 회사의 유통 주식을 대량으로 확보한 뒤 의도적으로 주가를 올리는 세력을 의미한다. 그럼 왜 이런 세력주를 매매해야 하는가? 위험하다고 말하는 사람들도 있지만 꼭 그렇지만은 않다. 왜 세력주를 매매해야 하는지에 대해 설명해 보겠다.

주식 투자란 사회·정치·경제 등 모든 분야와 연관성이 깊다. 주식시장에 상장된 회사들은 업종별로 국내 또는 세계에 나아가 영업 행위를 하고 있다. 그렇기 때문에 투자자 입장에서 여러 관점으로 주식 투자를 할 수 있다.

만약 자신이 엔터테인먼트 산업군에 종사한다면 업종의 정보와 흐름을 보고 관련 회사의 주식을 사서 투자할 수 있다. 특정 업종에 대해 잘 모르지만 애널리스트들이 전달하는 소식과 정보를 통해 주식 투자를 할 수도 있다. 또 누군가에게 받는 정보는 없지만 주식 차트를 통해서 가격을 분석하고 주식을 살 수도 있다.

이처럼 주식 투자란 사회의 전반적인 영역과 연관성이 깊기 때문에 투자 방식 역시 다양한 관점에서 여러 방법과 목적으로 할 수 있다. 그럼 보통의 사람은 주식 투자를 할 때 어떤 관점과 시각으로 매매를 시작할까? 대부분 투자자는 거의 비슷한 마음가짐으로 주식 투자를 시작한다. 처음 주식에 입문한 사람들은 이런 말을 한다.

"나는 우량주식에 주식을 넣고 가치투자[1]를 할 거야."

---

1 기업의 가치에 믿음을 둔 투자 방식

매우 멋진 말이다. 투자의 정수는 가치투자이기 때문이다. 돈 많은 자산가들이 선호하는 매매 1순위가 바로 '가치투자'이다. 하지만 실제로 우리나라에서 평범한 개인 투자자가 가치투자를 하는 경우는 그리 많지 않다. 대부분 위와 같은 생각을 품고 시작한 지 얼마 되지 않아 장기투자보다 테마주투자 또는 단기투자를 하고 있는 자신을 발견하게 된다. 이유는 여러 가지인데 여기서는 그중 가장 일반적인 2가지를 알아보겠다.

생각보다 수익이 약하다

주식을 시작하면 하루에 30% 급등락을 만들어 내는 주식이 많다. 이를 테마주[2]라 부르는데 테마주에서 한 번 수익을 내면 단기간에 많은 수익금이 발생하는 경우가 생긴다. 반면에 우량주식 가치투자는 어떠한가? 한 달 내내 기다렸지만 발생되는 수익은 적거나 약하다. 이런 이유로 장기투자로 시작했지만 빠른 수익과 변동성을 이용한 차익 실현을 목표로 테마주투자를 시작하는 것이다.

---

2 주식 시장이 주목할 사건이 발생하여 상승하는 종목

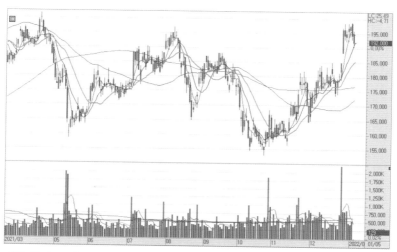

위의 차트는 크게 움직이는 것 같아 보이지만 20% 내외로 1년간 횡보 중이다. 급등주가 한 달 안에 100% 상승하는 것과 비교하면 변동성이 매우 적다.

누군가 대박 났다는 소문을 듣다

초심을 갖고 장기투자를 하고 있지만 같이 주식을 시작한 누군가는 급등주 하나를 잘 잡아서 돈을 크게 벌었다는 소문을 접하게 된다. 그때 흔들리게 된다.

'내가 하는 방식이 옳은 건가?', '속도도 느리고 수익금도 적은데 이걸로 언제 돈을 벌겠는가?'

그래서 한 치의 망설임도 없이 테마주, 급등주 매매로 넘어가게 된다. 급등주 매매를 할 때는 성공할 것은 같은 기대감과 설렘이 동반된다.

누구나 공감할 만한 이유일 것이다. 자산이 많은 투자자라면 우량 주식을 사고 단 몇 %만 수익을 내도 수익금이 어마어마하지만, 그보다 적은 금액으로 매매하는 보통의 개인 투자자들은 단 몇 %에 만족할 수 없기 때문이다. 그래서 자연스레 급등주 매매로 넘어오게 된다. 이것이 한국 주식 시장 개인 투자자들의 공통적인 모습이다.

주식이 쉽다는 착각

'초심자의 행운'이라는 말이 있다. 처음 주식 시장에 들어와 운 좋게 몇 개의 종목에서 단 며칠 만에 10% 이상의 수익을 낸 경우를 말한다. 이런 경험을 하게 되면 비슷한 생각을 갖게 된다.

'주식이 쉽네?', '이렇게 꾸준히 하면 부자 되겠네?'

하지만 우리가 대부분의 결과를 알고 있듯이 개인 투자자가 주식 시장에서 돈을 벌고 나가는 경우보다 돈을 잃고 강제로 나가는 경우가 더 많다. 이런 결말을 알면서 자신은 아니라고 생각하고 끝까지 버티는 것이 개인 투자자들의 공통점이다. 그때는 이미 주식에 '중독' 됐다고 봐도 무리는 아니다. 빠르게 급등락하여 짜릿한 수익을 경험한 이상 주식 시장에서 스스로 나가기란 힘들다.

급등주는 왜 만들어질까?

급등주 매매를 하면서 급등주가 어떻게 만들어지는지 원리에 대해서는 다들 잘 모른다. 그저 좋은 뉴스나 호재가 있기 때문에 주식 시장에서 사람들이 많이 샀다고 생각한다. 그러나 이것은 틀린 생각이다. 이유를 말해 보겠다.

하루 종일 주식 시장을 지켜보면 좋은 호재나 뉴스가 나오는 회사가 꽤 많다. 그러나 그런 회사들이 모두 상한가를 치거나 급등하는 것은 결코 아니다. 어떤 회사는 호재가 있음에도 잠깐 반응하다가 만다. 어떤 회사는 별것 아닌 줄 알았는데 상한가를 기록하기도 한다.

주식 시장의 원리를 이해하면 한 회사의 주식이 상한가를 기록하는 것이 얼마나 힘든 일인지 알 수 있다. 상식적으로 생각해 보자. 시가총액 2,000억 원 회사가 상한가를 가면 시가총액이 2,600억 원이 된다. 얼마나 엄청난 변동성인가? 대주주는 하루 만에 몇 백억 원을 번 셈이 된다.

주식 시장에서 상한가 종목이 자주 나오지만 그것은 매우 특별한 일이라는 것을 알아야 한다. 한국 주식 시장에는 특별히 변동성완화장치(VI)라는 것이 있다. (상승과 하락에 대해 변동성완화장치가 발동되는데 이 책에서는 상승 VI에 대해 말하겠다.) 당일 시작 가격에서 10% 오를 경우 주식 거래가 2~3분 정도 멈추어 투자자들이 그 시간 동안 판단할 여유를 주는 것이다.

VI가 없이 계속 오르면 심한 등락률로 자칫 단 몇 분 만에 손실이 커질 수 있기 때문에 그것을 방지하기 위해 변동성완화장치가 발동하는 것이다. 10% 오를 때마다 걸리니 상한가를 가기 위해서는 총 2번의 VI의 거쳐야 한다.

그런데 이건 이론적인 이야기이고, 주식 시장의 현실은 조금 다르다. VI가 발동한 주식은 순식간에 사람들로부터 주목을 받는 상황이 발생한다. 수많은 단타 트레이더가 해당 주식에 관심을 갖게 된다. VI에 걸린 주식을 좋게 보고 도리어 더 많은 투자자가 사려는 일이 발생하는 것이다.

단타 자금을 결코 무시하면 안 된다. 1억 원을 베팅하는 개미 5명만 있어도 순식간에 5억 원의 물량이 매수되는 것이다. 그뿐인가? 수많은 리딩방의 개인 투자자들이 단타 시장에 몰려든다. 이런 자금들이 들어와서 주식이 상승할 때마다 2~5%로 차익을 실현하고 나가는데 주가가 오르기 쉽겠는가?(오를 만하면 단타꾼들이 들어왔다가 나가기 때문에 호가창이 무너지고 차트도 흘러내리는 일이 발생한다.)

중요한 것은 이런 다양한 수급을 뚫으며 더 큰 자금에 의해 당일 주가가 30%까지 오른다는 점이다. 분명 단타 트레이더들의 자금도 만만치 않지만 그것을 능가하는 주도 자금이 해당 주식을 끝까지 밀어 올리는 것이다. 이것은 '분봉 차트'를 보면 쉽게 파악할 수 있다.

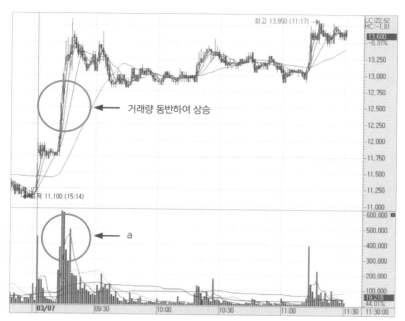

1분봉 차트를 보면 어느 한순간 거래량(a)이 발생하면서 주가 역시 위로 크게 상승한다. 그리고 결국 상한가를 기록한다.

위의 차트만 보아도 한순간에 들어와 주식을 크게 밀어 올리는 '세력'이 있다는 것을 알 수 있다. 자금이 많은 슈퍼 개미라고 생각할 수도 있지만 슈퍼 개미들은 저렇게 '시장가'로 한 번에 매수하는 경우는 거의 없다. 저런 식으로 매매하면 금방 깡통을 차기 때문이다. 고로 저런 움직임은 저 주식의 상승을 주도하는 특정 세력 때문이라고 해석할 수밖에 없다.

급등주가 만들어지는 과정을 간단하게 봤지만 쉬운 과정이 결코 아니다. 수많은 투자자가 몰리는 가운데 그들을 떨쳐내고 주가를 밀어내기도 하면서 다시 올리는 과정을 반복하여 만들어지는 것이 상한가이다. 그럼 우리는 또 다른 질문을 던져야 한다.

"급등주를 만든 세력이 개인 투자자에게 수익을 줄까?"

주식은 모두가 알다시피 누군가 내 주식을 받아 줘야 내가 팔고 나갈 수 있는 곳이다. 즉 개인 투자자가 매수 후 주가가 올라가면 누군가 높아진 가격에서 내 주식을 사 줘야 내가 나갈 수 있는 원리이다. 그럼 위와 같이 자신들이 주도해서 주가를 올려놓았는데 여러 투자자가 들어와서 주가가 오를 때 매도하고 나가면 차트를 기껏 올려놓은 세력 입장에서는 어떨까?

"와서 수익 가져가세요. 매수는 저희가 계속 할게요."

안타깝지만 이렇게 말하는 세력은 절대 없다. 그들은 높아진 가격에서 팔고 나가는 것이 목표이기 때문에 자신들이 들어온 시점부터는 최대한 아무도 들어오지 않는 것을 원한다. 그래서 어떻게 되는가? 주가가 더 이상 오르지 않고 도리어 내려가거나 하락하는 움직임으로 전환되고 만다.

이런 과정이 반복되면서 개인 투자자들은 결국 손실이 누적되어 주식을 던지고 나가게 된다. 그런데 그렇게 던진 해당 주식이 나중에 다시 오르는 '마법 같은 일'이 발생한다. '내가 팔면 오른다.'는 말이 여기서 비롯하는 것이다.

필자는 이런 일들을 우연이라 말하고 싶지 않다. 대부분의 사람이 겪는 이상 현상이라면 그것은 우연이 아니고 '필연'인 것이다. 그렇다면 이 필연적 상황을 바보같이 정면으로 맞이해서는 안 된다. 쉽게 말해 급등주에 올라타서 쉽게 수익 볼 생각을 하면 안 된다는 말이다. 급등주는 특정 세력에 의해 만들어지는 작품이고, 그들은 다른 투자자들에게 수익을 용납하지 않는다는 정확한 공식이 있다. 그러므로 우리는 이 공식을 이용해서 매매할 생각을 해야 한다. 바로 필자가 주력으로 삼는 '세력주 매매법'이다.

세력의 성격과 그들이 매매하는 방식과 패턴을 알아야 한다. 그래야 보통의 개인 투자자들과 다르게 매매할 수 있기 때문이다. 세력들이 개인 투자자를 상대로 많이 이용하는 전략은 '조급함' 조성이다. 항상 조급하게 만들어 투자자들이 지치게 만든다. 그래서 투자할 때는 조급함을 버리고 신중하고 천천히 매수하는 습관을 가져야 한다.

세력이 가장 무서워하는 투자자 성향은 천천히 매수하고 쉽게 매도하지 않는 사람이다. 이유는 개인 투자자가 주식을 던져야 세력이 그 물량을 받고 주식을 올리는데 개인 투자자가 나가지 않고 오히려 떨어질 때 물량을 사고 모은다면 그것만큼 골칫거리가 없기 때문이다. 시간을 오래 끌 수 없는 세력은 주식을 결국 올려야 하는데 그렇게 될 경우 이런 성향의 개인 투자자는 세력에 의해 쉽게 수익을 얻을 수 있게 된다.

필자는 이런 방식을 알리기 위해 이 책을 집필하였다. 결국 주식시장에서 급등하는 종목으로 수익을 내고 싶다면, 그건 세력주 매매이기 때문에 그것에 대해 자세히 배울 필요가 있다. 이제부터 세력을 대하는 전략에 대해 보다 자세하게 이야기해 보겠다.

2장

세력은
절대 봐주지 않는다

앞 장에서 급등주가 의도적으로 만들어진다는 것을 잠깐 살펴보았다. 이후에 자세히 이야기하겠지만 먼저 우리가 투자하는 주식 시장이 어떤 곳인지를 아는 것이 중요하다.

어떤 이들은 주식 투자를 '불로소득(不勞所得)'이라 말한다. 한편으로는 맞는 말이지만, 이는 자산을 100억 원 이상 보유한 사람들에게나 해당하는 말이다. 이유는 주식 시장이 경기순환 곡선을 통해 오를 때는 매도를 하고 내릴 때는 매수를 하기 때문이다.

경기순환 과정에서 자산가들이 매입한 어떤 주식은 크게 오르기도 한다. 그때 별문제 없이 매도를 하면 쉽게 돈을 벌 수 있다. 보통 시간이 지나면 주식은 대부분 오르기 때문이다. 만일 보유 종목 중 몇 개가 오르지 않는다면 보유 자산이 많기 때문에 그저 기다리면 된다. 보유 현금이 많은 사람이 아니라면 주식이 오르는 때가 언제인지 모르기에 막연하게 기다리는 것이 힘들지만, 여윳돈이 많은 자산가들은 이런 기다림을 충분히 견뎌 낼 수 있다. 그냥 잊고 살다 보면 투자해 놓은 곳에서 수확이 나오게 된다.

부동산 투자도 마찬가지다. 토지를 매입해 놓고 시간이 지나면 물가가 오르거나 개발이 진행되어 내가 사 놓은 땅의 값이 상승하는 일이 생기게 된다.

이런 경우는 불로소득이 맞다. 하지만 자산이 많지 않은 일반인들이 하는 주식 투자의 경우에는 해당되지 않는 말이다. 제한적인 현금 자산을 통해 선택과 집중에 최선을 다하여 결과를 내야만 한다.

주식은 쉽게 수익을 얻을 수 없는 곳이다. 치열한 주식 시장에서 수익을 얻기 위해서는 남들보다 더 빠르게 정보를 얻어야 하고, 더 빠르게 반응하고 대응해야 한다. 정신적 소모가 심하고 시간 노동도 할애해야 한다. 이것이 어떻게 불로소득인가? 주식 투자에서 수익은 당연히 노동을 통한 수익이라 할 수 있다.

주식 시장이 쉽게 수익을 주지 않는 곳이라는 것을 인지했다는 것은 주식 시장의 무서움 역시 인지했다는 말이 된다. 만약 누구나 쉽게 투자하고 수익을 얻는다면, 그에 따른 스트레스나 정신적 소모가 없다면 그것은 불로소득이라고 해도 할 말이 없지만 주식 시장은 그렇게 호락호락한 곳이 아니기 때문에 온 정신을 쏟고 집중해야 한다.

2020년 이후 대한민국, 아니 전 세계에 주식 투자 열풍이 불기 시작했다. 그때 많은 사람이 이런 말을 했다.

"이 좋은 걸 왜 이제 알았나?"

코로나19 팬데믹 사태로 인해 수많은 나라에서 경제를 부양하기 위해 사상 초유의 현금을 살포했다. 그로 인해 주식 시장은 하락한 만큼 빠른 속도로 회복하기 시작했다. 전무후무한 상황에서 주식 열

풍이 불어닥친 것이다. 이런 때는 빠르게 회복하는 주식 시장의 특성
상 어떤 종목을 사든지 상승하는 효과가 발생하게 된다.

이는 주식 시장이 주는 수익이고 아주 특수한 시점에서만 발생하
는 일이다. 한국 증시는 그렇게 전체 종목이 오르는 일이 10년 주기
로 볼 때 몇 번 일어나지 않는다. 그럼에도 주식 시장의 무서움을 모
르고 주식 시장이 쉬워 보여서 투자를 시작한 사람이 꽤 많다.

그래서 결과는?

주식 시장이 좋았던 2020년 중반에는 대부분의 개인 투자자가 돈
을 벌었다. 묻지도 따지지도 않고 특정 종목에 돈을 넣어 두면 주식
시장이 상승하는 동시에 자연스레 주가가 올랐기 때문이다.

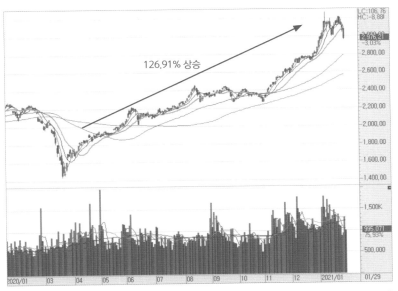

코스피 차트는 저점 대비 고점까지 11개월 만에 126.91% 상승했다. 이는 역사적으로 몇
되지 않는 상승세였다.

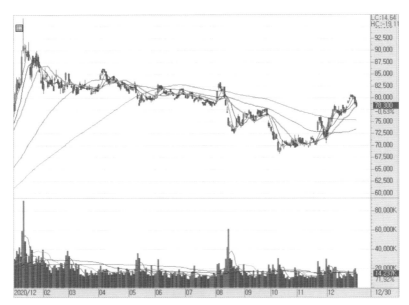

삼성전자 주가는 2021년 1년 동안 고점에서 약 -30% 하락과 보합을 반복했다.

그러나 모두가 알다시피 2020년과 비교하여 2021년 중반부터 주식 시장은 매우 힘든 상황이 되었다. 삼성전자 주식을 비롯하여 대부분의 주식이 하락과 횡보를 반복했다. 운 좋게 몇 개의 종목에서 수익을 냈다면 다행이지만 대부분은 결과가 결코 좋지 못하였다. 많은 사람이 한국 주식 시장을 탓하고 불만을 터트리지만, 원래 주식 시장은 이렇게 무서운 곳이라는 것을 이제야 알게 된 것뿐이다.

주식 시장은 쉽게 오르는 기회를 많이 주지 않는다. 3년에 한 번 또는 5년에 한 번씩 그런 대세 상승장이 찾아오는데 그때를 제외하고는 주식 시장은 대체로 2021년과 같다고 보면 된다. 더군다나 그런 주식 시장에서 급등주들은 크게 오를 듯 가격이 빠르게 오른 뒤에 언제 그랬냐는 듯 빠른 속도로 하락하는 경우도 비일비재하게 일어난다.

왜 2020년 이전에는 사람들이 주식 투자를 하지 않았겠는가? 그토록 좋은 주식 투자를 왜 대부분의 사람이 하지 않았겠는가? 이유가 있다. 세력들이 주식 시장에서 개인 투자자들을 현혹시켜 주가를 높게 띄우고 고점에서 들어오는 개인들에게 물량을 떠넘기는 패턴이 반복적으로 일어나는 곳이 바로 주식 시장이기 때문이다.

대표적으로 바이오 주식들이 그런 모습을 자주 보이며, 회사를 믿고 투자한 사람들이 고점에서 물리고 크게 손절하고 나오는 경우가 발생하곤 한다. 그만큼 주식 시장은 무서운 곳이고 대부분의 사람이 참패를 겪고 퇴장하는 곳이기 때문에 2020년 이전에는 주식 투자하

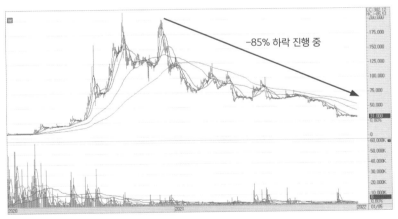

코로나 관련주로 상승한 바이오 종목 차트. 고점 대비 -85% 하락 중이다.

는 사람이 상대적으로 적었던 것이다. 당시를 돌아보면 '주식 투자'는 곧 '도박'이라는 인식이 강했던 터라 사회적 인식이 다소 좋지 않았던 것도 사실이다.

이런 주식 시장에 겁도 없이, 성공하겠다는 마음으로 수많은 투자자가 입장하게 된 것이다. 필자가 주식 시장에 대해 부정적 인식을 주려고 하는 말이 아니다. 이 책은 세력을 알고 그들을 '역이용'하자는 데 목적이 있다. 그렇기 때문에 참혹한 주식 시장 환경을 먼저 인식하고, 그에 따른 대비책과 전략을 세우는 것이 꼭 필요하기 때문에 언급하는 것이다. 투자자들의 기를 꺾는 것이 아니라 전투에 임하는 전사들에게 무엇을 조심해야 하는지 경각심을 주려는 것이다.

주식 시장은 '전쟁놀이'가 아니라 '진짜 전쟁터'이다. 내가 힘들게 번 돈을 놓고 세력과 씨름을 하는 곳이다. 지게 되면 내 돈을 잃게 되고, 이기면 그에 따른 수익금이 발생하는 것이다. 노동력만 소비되는 것이 아니라 내 돈이 사라질 수도 있는 곳임을 항상 염두에 두어야 한다.

세력들의 목적은 매우 단순하다. 싼 가격에 주식을 사서 비싼 가격에 파는 것이다. 그들은 사람들 눈에 띄지 않도록 꾸준히 주식을 사서 이후에 호재를 만들고 주가를 올려 사람들을 믿게 만든다. 그러고 나서 주가가 계속 상승하도록 가격을 지켜 주면서 원하는 가격에 도달하면 모든 물량을 넘기고 나가는 방식을 반복한다.

하지만 개인 투자자들은 이와 정반대로 주식 투자를 한다. 사람들 눈에 띄지 않는 주식은 언제 오를지 모르니 사지 않고 호재가 나온 주식을 바로 매수하여 빠른 시일 안에 시세차익을 얻고 나오는 것이 목표다. 세력들이 원하는 것을 그대로 해 주는 것이다.

개인 투자자들은 호재가 좋거나 긍정적인 뉴스가 뜨면 비싼 가격에 급하게 달려드는 습성이 있다. 이 전통(?)은 이상하리만큼 깨지지 않고 언제나 개인 투자자들이 높은 가격에서 세력들의 물량을 받아주게 된다. 포털사이트의 '종목 토론방'을 보면 고점에서 물린 개인 투자자들의 하소연 글들을 쉽게 확인할 수 있다.

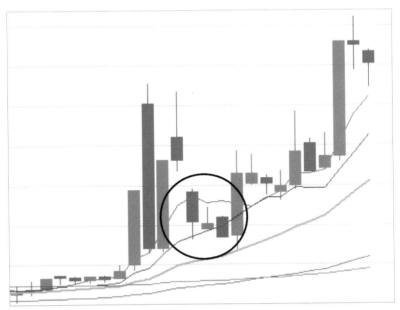

호재로 상승했지만 여러 속임수를 통해 주가가 하락, 이후로 다시 상한가를 친 종목

결국 세력이 높은 가격으로 주가를 올리면 그 물량을 받아주는 대상은 개인 투자자이다. 그러니 개인 투자자들이 샀을 때 세력들이 쉽게 주가를 올려 주겠는가? 올리는 과정에서 개인들이 주식을 오래 보유하지 못하게 주가를 방치하거나 급락시키곤 한다. 개인들이 버티지 못하고 주식을 매도하게끔 유도하는 전략이다.

상승 초입부터 개인 투자자들이 들어오면 주가가 크게 오른 시점에서는 누가 세력들의 주식을 매수해 주겠는가? 세력 입장에서 상승 초입에 개인 투자자들이 매수하면 곤란한 이유가 바로 그것이다. 본인들이 장기간 매집하여 기껏 주식을 올렸더니 개인 투자자에게 수익을 주는 상황이 되어서는 안 되기 때문이다.

세력들은 바닥에서 매수를 시작하고 고점에서 팔아야 하는데 그 과정에서 다른 투자자들이 매수하면 계획에 차질이 생기게 된다. 그렇게 되면 높은 가격에서 주식을 사 줄 사람들이 없기 때문에 리스크를 줄이면서 주가를 상승시키는 것이다. 충분히 매집된 물량을 통해 '자전거래(Cross Trading)'를 이용하여 호가를 올려 주식 가격을 상승시키는 것이 세력들의 특화된 전략이다.

세력들의 목적은 '분명'하다. 고점에서 개인 투자자들에게 물량을 넘기는 것이다. 그렇다면 고점에서 산 개인 투자자들의 주식은 누가 사 주는가? 안타깝지만 세력이 나간 뒤에는 비싼 주식을 높은 가격에서 매입해 줄 대상은 거의 없다고 봐야 한다. 같은 개인 투자자나 어리숙한 외인, 기관이 사는 경우를 제외하고는 말이다. 주식이 고점 영역에 도달해도 일시적으로 수익을 볼 수 있는 이유는 어설픈 개인 투자자와 외인, 기관이 매수했기 때문이다.

주식을 바닥에서부터 매집한 세력들은 매도하고 나가면 나갔지, 절대 높아진 가격에서 다시 사는 일이 없다. 호재와 이슈를 받은 주식이 크게 오르면 다시 못 오르는 이유가 바로 이것이다. 세력들이 전부 나갔기 때문이다.

이런 사실을 모른 채 많은 투자자는 일시적 조정이거나 회사가 경영을 제대로 하지 못한다고 생각하는 경우가 많다. 그러나 실상을 알면 대부분의 소형주, 중형주들은 세력들의 의해 시세가 조종되고 있음을 인지해야 한다.

그에 대한 근거는 도무지 이해할 수 없는 비상식적인 차트들의 움직임을 통해 추론해 볼 수 있다. (이에 관한 내용은 이후에 다루도록 하겠다.) 지금까지의 내용을 어렵지 않게 이해했다면 우리는 반대로 주식투자에 관한 '정답'을 찾을 수 있다.

바로 '세력이 매집[3]할 때 함께 매집하면 된다.' 쉽게 말해 세력들이 매집할 때만큼은 주가가 내려간다 할지라도 결국 다시 올라올 수밖에 없는 구조가 형성된다. 세력 입장에서 매집하고 언제까지 방치할 수 없기 때문이다. 그래서 세력이 매집한 흔적을 발견한다면 우리도 해당 주식의 가격이 저렴해졌거나 오를 만한 시점이 될 때 매수하는 것이다.

방법적인 부분은 분명 더 찾고 연구해야 하지만, 이와 같은 관점

---

3 세력이 주식을 사서 모으는 행위

으로 주식 매매를 하면 주식은 매우 수월해지고, 세력의 매집 신호를 잘 분석할수록 위험한 투자가 아니라 오히려 상승이 보장된 주식 매매를 할 수 있게 된다.

세력이 한 종목을 매집할 때는 수백억 원 이상의 돈을 쏟아 붓기 때문에 상승이 보장됐다고 봐도 과언이 아니다. 그래서 필자는 이런 관점의 매매를 '세력주 매매', '세력주 분석'이라 칭하는 것이다. 주가를 주도하는 흐름에 편승하는 것이 가장 지혜롭고 확실한 방법이다.

이 장의 서두에서는 주식의 무서움에 대한 이야기로 시작했지만 이 장을 마치면서는 주식의 희망적인 부분을 말해 주고 싶다. 우리가 그동안 매매한 방식이 왜 실패할 수밖에 없었는지 깨닫게 된다면, 반대로 실패가 아닌 성공하는 방식이 무엇인지 연구할 수 있기 때문이다. 다음 장에서는 세력들이 누구인지에 관해 이야기해 보겠다.

대시세가 나온 차트들의 공통점

주식 시장에는 대시세를 가는 종목들이 간간히 나온다. 대시세란 상승 출발부터 3배 이상 오른 주식을 말한다. 그래서 대시세 종목은 사람들의 관심을 끌고 주식 시장을 뜨겁게 달군다. 여기서는 공부 차원으로 대시세를 만들어 낸 회사들이 어떤 회사이고, 어떤 이유로 올랐는지 살펴보도록 하자. 큰 상승이 과연 합리적 상승이었는지, 결말은 어떤 특성을 가지고 있는지 예시 종목으로 이야기해 보겠다.

인스코비(006490)의 코스피 차트

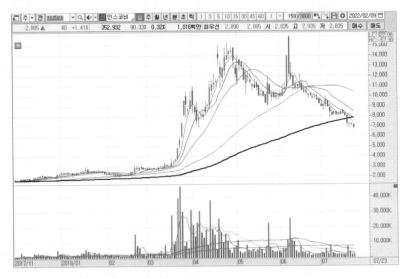

코스피에 상장된 인스코비(006490)는 2018년 3월 말부터 주가가 한 달 조금 넘는 기간 동안 무려 5배 이상 올랐다. 당시 주가가 상승하게 된 이유는 바이오산업의 확대 전망과 더불어 한국전력공사 측에 100억 원대 납품 수주를 계약했기 때문이다.

명확하지 않은 호재로 주가가 5배 이상 오른 것은 다소 이해하기 어렵다. 그럼 당시 매출 상황은 어땠을까? 2017년까지는 영업이익이 적자 기록 중이었으나 2018년에는 영업이익으로 53억 원을 달성했다. 영업이익이 개선되었지만 주가가 15,000원까지 오른 것치고 영업이익은 기대 이하 수준이라 할 수 있다.

즉 기업 매출과 상관없이 단순 기대감과 계약 호재만으로 주가가 5배 이상 오른 것이다. 상식적으로 생각해도 바이오산업의 확대 소식만으로 주가가 오른 점과 단발성 계약 수주로 인해 주가가 오른 부분은 쉽게 납득하기 어렵다.

다음은 주가가 약 6,000원 선에서부터 무려 60,000원까지 상승한 동신건설(025950)의 코스닥 차트이다. 주가가 오른 이유는 정치 관련주였기 때문이다. 정치 관련주는 인맥주로 불리며 정치인과 인맥을 통한 회사 수주, 발전에 기여할 것을 기대하면서 상승한다.

그렇다면 실제로 회사는 주가가 상승한 것 대비 나아진 것이 있는가? 동신건설은 2018년 이후로 매출 부분은 나아진 것이 거의 없다. 오히려 2017년 매출이 더 낫고 그 뒤로는 특별한 호재 없이 평범한 영업이익을 유지 중이다.

동신건설(025950)의 코스닥 차트

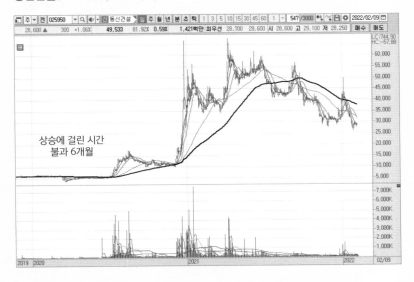

상승에 걸린 시간
불과 6개월

　단순 인맥으로 인해 주가가 10배 오를 수 있는가? 우리는 이 부분에 대해서 의문을 던져야 한다. 주가가 10배 오른 점은 분명히 엄청난 사건인데 그런 것에 비해 회사가 성장하거나 매출이 나아진 부분은 전혀 없기 때문이다.

　코스닥에 상장된 멕아이씨에스(058110)는 2020년 초에 코로나 바이러스 관련주로 주가가 상승하기 시작했다. 인공호흡기 관련 제품을 만들기 때문에 실제로 매출에 영향을 받은 회사이다. 코로나19 팬데믹으로 인해 매출이 큰 폭으로 상승한 것은 분명하다. 6개월 만에 주가는 10배나 상승했고 그 뒤로는 주가가 계속 조정 중이다.

멕아이씨에스(058110)의 코스닥 차트

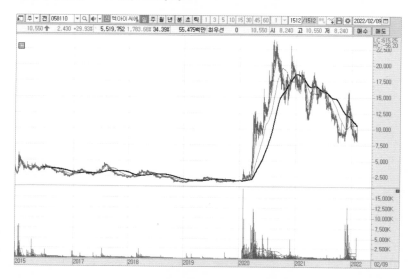

　　현재 매출은 코로나 바이러스와 연관성이 있기 때문에 환자가 늘
어날 때 매출이 늘어나는 식이다. 하지만 그렇다 하더라도 높은 주가
는 상식의 범위를 뛰어넘었다고 볼 수 있다.

　　신풍제약(019170)은 '피라맥스'라는 코로나 치료제와 관련하여 주
가가 크게 상승했다. 코로나19 팬데믹 상황에서 주가가 가장 크게 오
른 주식 중 하나다. 7,000원대에 머물던 주가는 치료제 개발에 대한
기대감으로 200,000원까지 오르는 정말 놀라운 상승을 보여 주었다.
　　이 주식 역시 6개월 정도 상승 시간을 보냈고, 이후에 한 번 더 최
고점을 터치하였으나 결국 그 위로 더 오르지 못하고 주가는 계속

신풍제약(019170)의 코스닥 차트

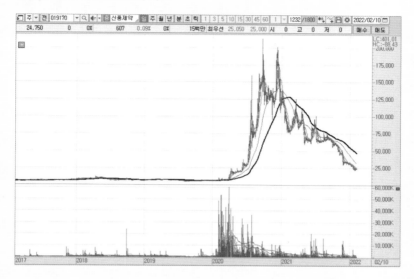

내려오게 되었다. 코로나 사태를 종식시킬 게임 체인저란 타이틀로 많은 투자자가 투자했지만 주가는 가파르게 내려와 고점에서부터 -90%까지 도달하기도 했다.

신풍제약은 2016년부터 주가가 상승하던 2020년을 지나 오늘까지 매출이나 영업이익은 거의 제자리 수준이다. 곧 매출에 크게 기여하지 못한 호재로 주가만 올랐다고 볼 수 있다.

이 4개의 차트를 비롯하여 여기에 언급하지 않은 무수히 많은 대시세 차트를 보면서 느끼는 점은 하나다.

'패턴과 결말이 똑같다.'

상승 전 대부분의 종목은 주식 시장에서 주목받지 않았던 회사, 상대적으로 작은 회사들이다. 기존에 많이 알려진 시가총액이 꽤 큰 회사들이 이런 식으로 상승하는 것이 아니라 평소에 들어보지 못한 회사들이 크게 상승하는 것이다. 상승하는 이유가 있는데, 자세히 살펴보면 납득되는 부분도 있지만 그렇지 못한 부분도 꽤 많다.

빠르게 상승하고, 내려올 때는 천천히 내려온다는 공통점도 있다.

결정적인 특징은 가장 높은 가격에서 매수하는 주체가 대부분 개인 투자자라는 점이다. 위 주식들의 커뮤니티를 방문하면 고점에 매수하여 아직도 들고 있는 사람이 꽤 많다. 많은 투자자가 고점에서 매수한 것이다.

주가가 빠르게 대시세를 만들고 올랐다면 결말은 대부분 같다는 걸 명심해야 한다. 어떤 차트도 높아진 가격에서 계속 가격을 유지하는 경우는 없다. 고점을 찍었다면 빠른 속도로 내려오는 것은 자연의 섭리다.

빠른 속도로 상승하면 투자자는 판단을 차분히 내릴 시간이 없다. 고민하는 사이에 더 오르기 때문이다. 위의 차트 모두 급등주 형태의 상한가를 만들며 상승하는데, 이런 차트들은 투자자의 판단을 조급하게 만드는 특징이 있다.

하지만 결말을 알면 사라지고 말 허상에 섣불리 매수해서는 안 된다. 차트는 환상이 깨지기 전에 빠른 속도로 상승하고 이후 떨어지게 된다.

정리하자면 대시세가 나오는 차트의 공통점은 다음과 같다.

1. 대부분 소형주이다.
2. 빠른 속도로 상승한다.
3. 고점에서 물량을 고스란히 개인 투자자가 받는다.

    이것만 보아도 우리가 생각할 부분이 꽤 많지 않은가? 이런 회사들은 예상대로 주가가 오르는 만큼 매출이 유지되는 경우는 거의 없고 허상으로 끝나는 경우가 꽤 많다.

    바닥에서 사서 위에서 파는 것이 상식적으로 봐도 맞는데 개인 투자자는 본능에 이끌리듯 한결같이 높아진 가격에서 사는 공통점이 있다. 크게 오른 주식들을 보면 고점 매수 습관이 좋은 것이 아님을 꼭 기억해야 한다.

3장
세력의 정체는
누구인가?

먼저 세력의 정의를 내려야겠다. 필자가 말하는 세력은 '주가를 목표 지점까지 올리는' 그룹을 말한다. 주식을 하는 모든 투자자가 한결같은 목표를 갖고 있지는 않다. 어떤 투자자는 단타로 매매하여 하루만 보유하려 하고, 어떤 투자자는 장기투자로 3개월 이상 보유하려 한다. 목표가 서로 다르기 때문에 주식이 오를 만하면 누군가는 주식 시장에 내다 팔아서 주가가 하락하는 일이 발생하고, 누군가는 그것을 매수하여 또 오르기를 기다린다.

그렇기 때문에 주가가 한 방향으로 약속한 듯 오르기 위해서는 회사의 강력한 호재나 매출 증대 효과가 발생해야 한다. 그런데 주식 시장에서 어떤 회사가 갑작스럽게 매출이 늘어나 일관성 있게 오르는 경우는 몇 없다. 그렇기 때문에 서로 다른 목표를 가지고 있는 투자자들의 돈들을 소화해 주면서 결국 한 방향으로 위로 올려 줄 자금을 투입시키는 그룹이 바로 '세력'이다.

한국 주식 시장에는 매일 각 회사마다 호재들이 등장한다. 그러나 호재에도 불구하고 주식은 전혀 움직임이 없을 때도 있고, 어떤 때에는 별것 아닌 호재라고 여겼는데 상한가를 기록하는 경우도 있다. 이런 일이 비일비재하게 일어나니 투자자들은 호재만 믿고 투자하지 않는다. 그래서 더더욱 주가가 일관성 있게 급등하거나 상한가를 기록한다는 것은 불가능한 일이다.(그런 일관성이 있었다면 누구나 다 부자가 됐을 것이다.) 하지만 이런 불가능한 일을 가능하게 하는 것이 바로 세력이다. 세력이 아니면 이런 상황을 도저히 해석할 수 없다.

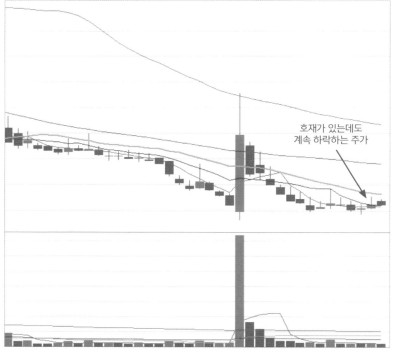

호재가 있는데도
계속 하락하는 주가

이 종목은 NK세포 생산기술 특허를 받았다. 주가는 당일 잠시 급등한 후 다음 날부터 한 달간 -30% 하락했다.

필자는 주가를 원하는 대로 움직일 수 있는 세력이 있다고 보며 이 부분에 대해서는 의심의 여지가 전혀 없다. 비상식적인 주식 시장을 개인 투자자들에게 수익을 주지 않으려는 세력의 '설계'로 봐야 더 합리적인 판단이 가능하기 때문이다. 오늘도 여전히 주식 시장에서는 비상식적인 돈들의 움직임과 흐름이 전개되고 있다.

그럼 세력은 어떤 사람들일까? 이 부분도 잠깐 짚고 넘어갈 필요가 있다. 이유는 시가총액이 1,000억 원이 넘는 회사의 주식도 마음대로 올리고 내리고를 반복할 수 있는 사람은 분명 일반인은 아니기 때문이다.

세력에 대해서는 명동 사채업자, 사모펀드, 검은머리 외국인 등 여러 추측이 있다. 실제로 그런 사례가 밝혀진 적이 있었고, 몇몇 검거되기도 했다. 하지만 어느 곳에서도 정확하게 세력이 누구인지 밝혀진 바가 없다. 어떤 회사의 주가가 조작되어 적발될 경우에도 보통 대주주 또는 작전 주식에 참가한 증권사 직원 몇 명만 꼬리 자르기 식으로 구속되어 조사받을 뿐이다.

시가총액이 몇 백억 원인 회사의 경우 위에 나열된 조직에 해당한다고 본다. 유통주식이 많지 않아서 수백억 원의 돈으로 매집한 후 시세 조작이 가능하기 때문이다. 그러나 이것은 주식 시장에서 규모가 작은 소형주의 경우이고, 실제로 주식 시장에서 움직이는 대형 바이오 주 급등은 시가총액이 '조' 단위에 이르기도 한다.

이런 주식은 누가 움직일 수 있는가? 대형 바이오 주의 경우 단 1분 만에 거래대금이 100억 원이 들어와 시장가로 강한 상승을 만들어 내기도 한다. 이것은 명동 사채업자나 사모펀드 수준은 아님이 분명하다. 시가총액 1조 6천억 원인 한 바이오 주의 분봉 움직임을 살펴보자.

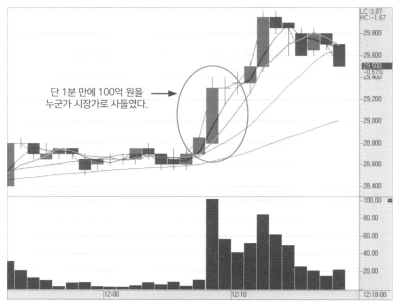

주가가 1분에 100억 원이 들어오며 1.9% 상승하는 장면

잠잠했던 주가가 갑작스럽게 단 1분 만에 거래대금 100억 원이 발생하면서 1.9% 상승하였다. 이후로 저 거대한 주식은 상승이 발생한 이후 약 15%를 수식 상승시켰다. 자그만치 시가총액이 1조 원이 넘으며 거래대금 역시 평균 70억 원대를 꾸준히 유지하면서 말이다.

1시간 동안 큰 조정 없이 15% 상승

최초 거래대금 발생 직후 조정 없이 1시간 동안 15% 상승이 이루어졌다.

이 정도로 돈이 들어오고 힘이 좋은 주식이라면 분명히 호재가 있으리라 생각할 수 있다. 그러나 뉴스를 아무리 찾아보아도 저 당시 호재는 없었다. 장이 끝나기 전에 어떤 상황이 발생했는지 다음 차트를 보도록 하자.

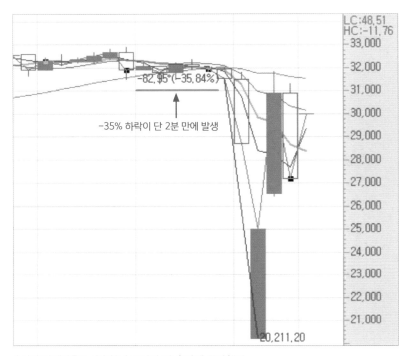

LC:48,51
HC:-11,76

-82,95°(-35,84%)

−35% 하락이 단 2분 만에 발생

20,211,20

1시간 만에 15% 상승하던 주가가 장 후반에 급락했다.

차트를 보면 알겠지만 멀쩡하게 잘 오르던 주식이 장 후반에 단 2분 만에 -35% 하락을 하고 만다. 악재가 있었는가? 없었다. 거래대금을 수천억 원 발생시키며 잘 오르던 주식이 2분 만에 하한가로 직행하고, 다시 주가가 5분 안에 원래 자리로 돌아오는 것을 무엇으로 설명할 수 있을까?

시가총액 1조 원이 넘는 회사를 이렇게 마음대로 주무르고 기존에 투자한 투자자들에게 극심한 공포감과 좌절감을 주는 사람은 '세력'

밖에 없다. 그래서 필자는 이렇게 추론한다. 앞서 언급한 대로 명동 사채업자, 사모펀드 등의 세력도 분명히 있다. 그러나 언론에 전혀 노출되지 않은 '글로벌 세력'이 있다. 그것 외에는 이 상황을 달리 설명할 길이 전혀 없다.

이들 세력의 활동 소식은 언론에 노출된 바가 전혀 없기 때문에 도대체 누가 이렇게 움직이게 하는지 도저히 감을 잡을 수 없다. 국내에 있는 세력이라고 하기에는 돈의 규모가 상상을 초월한다. 그러나 시야를 넓게 열어 글로벌 증시의 흐름을 보면 한국 증시는 세계 증시 규모에서 매우 작은 부분을 차지하는 것을 확인할 수 있다.

즉 미국 증시에서 움직이는 돈이 한국에 조금만 쏟아져도 한국 증시가 크게 상승하는 효과가 발생하는 것이다. 그 이유는 세계 주식 시장에서 차지하는 시가총액에 근거할 수 있는데 2018년 기준 글로벌 증시에서 미국 주식이 차지하는 비중은 무려 44.33%이다. 한국은 2.06%에 불과하다. 한국 증시는 의외로 규모가 매우 작아서 세계에 돌아다니는 돈들이 일시적으로 한국 주식 시장에 들어온다면 그 결과는 대단할 것이다.

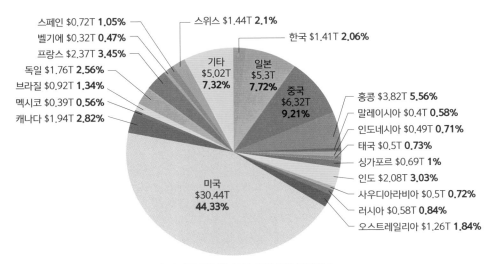

각 나라별 글로벌 증시 차지 비율(2018년)

　실제로 미국의 경우 2008년까지 증시가 큰 폭으로 상승하였다. 그런데 금융 규제가 엄격한 미국에서조차 주식 시세를 조작한 혐의로 전 골드만삭스 사장과 앤서니 치어슨 레벨 글로벌 인베스터 창업자, 스콧 런던 전 케이피엠지 고위 임원 등 월가에서 내로라하는 거물들이 실제로 검거된 사례가 있다.

　이렇게 거대한 미국 주식 시장도 움직일 수 있는 세력들이 검거된 소식을 보자면 한국 주식 시장을 움직이는 세력이 있다는 것쯤은 충분히 납득할 만하다. 또 한국의 경우는 주식 시세 조종의 수사대상을 국내에만 한정하기 때문에 해외 자금 유입까지 세밀한 조사를 하기는 어려운 실정이다. (금융 시스템 미흡이 아닌 인력 부족 문제도 있다.) 그래서 지금까지 세력이 붙잡힌 소식이나 검거되어 조사받는다는 소식을 못 듣고 있는지도 모른다.

앞서 예시로 한 종목을 들었지만 그 종목은 일부일 뿐 바이오 섹터가 다 같이 움직일 때는 이런 일이 여러 종목에서 발생하게 된다. 그러니 국내 세력이라 생각하기보다 자금 규모가 상상을 초월하는 글로벌 세력의 움직임으로 이해하는 것이 낫다. 미국의 주식 시세를 조종할 수 있는 자금이라면 한국 주식의 시가총액은 소형주 정도에 불과할 것이다.

지금까지 주가 조작 세력이 검거되거나 조사를 받은 경우는 대주주나 증권사 직원만 있었다. 하지만 실제로는 유통물량을 움직여 주가를 조작하기 때문에 대주주나 증권사 직원이 단번에 수백억 원을 투입시켜 급등을 만들 리는 없다고 본다.

세력주의 움직임을 보면 주가를 움직이기 위해 수년 전부터 '매집'해 왔으며 매집한 물량을 바탕으로 호가를 움직여 급등을 만들어 내거나 급락을 만들어 낸다. 자신들 외에 다른 물량이 함부로 들어오지 못하도록 조종한다.

시가총액 2,000억 원이 넘는 주식의 경우 매집하여 컨트롤하는 금액이 500억 원 이상은 되리라고 본다. 바이오 섹터의 경우 시가총액이 최소 2,000억 원 이상 되는 종목이 비일비재하며, 시가총액이 1조 원이 넘는 대형 바이오 주식들도 있는데, 이 상황을 달리 어떻게 설명할 수 있을까?

주가는 비정상적으로 급등하고 수백억 원의 돈이 단 몇 분 만에 VI를 체결시키는 현상은 도무지 설명할 길이 없다. 그래서 대부분의 투자자는 암묵적으로 세력의 존재를 인정할 수밖에 없는 것이다.

세력에 관해 여러 관점으로 볼 때 그들은 국내 규모의 세력이라기보다 섹터 전체를 움직일 수 있는 거대한 자본 세력으로 이해하는 것이 맞다고 본다. 미국 주식 시장도 조작했는데 미국 주식 시장의 1/10도 안 되는 한국 주식 시장을 움직이는 것은 아무것도 아니라고 추론하는 바이다.

그들이 적발되거나 잡혀도 문제가 된다. 지금까지 우리나라 대부분의 소형 주식이 이런 식으로 급등했는데 그동안 그들이 그렇게 해 왔다는 것을 인정하는 꼴이 되고 말기 때문이다. 그렇게 되면 사회적으로 엄청난 파장이 일어날 수도 있다. (주주들의 항의가 빗발치고 주식 시장은 신뢰를 잃게 될 것이다.)

세력에 대해 이렇게 추측하는 것이 최선이지만 중요한 사실을 놓쳐서는 안 된다. 그것은 세력주라 분석되는 (급등의 형태) 주식들은 모두 한결같이 주가를 최소 3배 이상 올리며 호재를 띄운 뒤에 높은 고점 가격에서 개인 투자자들에게 물량을 넘기고 빠져나온다는 점이다. 이로 인한 모든 피해는 개인 투자자의 몫이 된다.

세력주는 바닥에서 매집이라 판단되는 모양을 보인 이후 시간이 지나면 '반드시' 오른다는 특징이 있다는 점도 주목할 만하다. 그렇기 때문에 투자할 때 바닥에서 세력들의 매집 신호만 잘 살펴도 오르는 주식을 어렵지 않게 발견할 수 있다. 정체는 모르지만 주식들을 의도적으로 움직이는 세력들을 전제로 주식 투자를 한다면 오히려 주식 매매에서 승산 가능성이 더 높아지는 결과를 얻을 수 있게 된다.

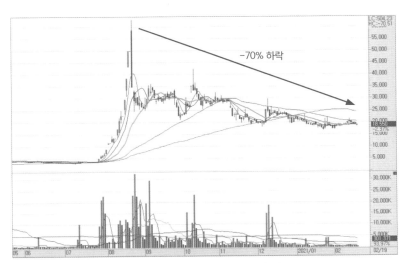

고점에서 대량 거래량이 발생한 후 6개월 동안 -70% 하락했다.

　　회사에 대한 기본 분석을 통해 호재나 매출을 가늠하고 예상한다 할지라도 주식은 쉽사리 움직이지 않고 오히려 더 밑으로 내려가기도 한다. 그런데 세력주 분석을 통해 세력이 들어온 가격을 분석하고 투자하면 더 높은 승률로 주식 투자를 할 수 있게 되는 것이다.

　　필자는 주식 투자에서 중요한 것은 결국 '수익'이기 때문에 수익을 목표로 세력 수급에 관해 배워 나간다면 훨씬 더 좋은 결과가 나온다고 확신한다. 그러니 이 책을 통해서 세력들의 패턴에 관해 알아보도록 하자. 그것이 매매의 승률을 바꿀 것이다.

4장

세력은
어떻게 매집하는가?

세력이 물량을 장악하기 위해서는 저렴한 가격에서 주식들을 사 모아야 한다. 그리고 물량을 모을 때 주가가 너무 오르지 않도록 적절히 관리해야 한다. 너무 오르게 되면 다른 사람들이 따라서 매수할 수도 있기 때문이다. 그럼 세력들이 매집하는 패턴에 대해 배워 보도록 하자.

호재와 급등

세력의 물량은 적지 않다. 한 주식의 시가총액이 1,000억 원, 유통 비율이 70%일 경우 700억 원의 주식이 시장에 풀린다. 세력은 그렇게 풀린 주식을 미리 사 놓아야 한다. 이때 매집하기 가장 좋은 방법이 있는데 바로 회사의 호재와 동시에 주식을 사는 것이다. 보통 호재가 있다면 주식이 계속 오를 것이라 생각하지만 그렇지 않고 바로 주저앉는 경우도 꽤 많다.

시장의 주목을 받았지만
단 며칠 만에 제자리로 왔다.

주식 시장에서는 호재로 상한가를 갔다가도 언제 그랬냐는 듯 다시 주저앉는 경우가 많다.

그럼 투자자들의 입장에서는 도통 이해가 되지 않는다. 호재가 있고 급등을 하고, 때로는 상한가까지 갔으면서 주식이 얼마 못 가 제자리로 오거나 큰 폭으로 도리어 하락하는 경우가 발생하기 때문이다. 이렇게 설명할 수 없는 기이한 현상을 필자는 '세력의 매집'으로 본다. 그 이유는 다음과 같다.

주식 시장에는 매일 호재를 동반하여 상한가를 가는 종목이 있기 마련이다. 그런 주식들은 호재로 인해 여러 투자자가 매수를 하고 동시에 거래량이 증가하기도 한다. 세력 입장에서는 이렇게 거래가 활성화된 주식에 들어가서 여러 사람의 물량을 받아 주고 소화해 주는 것이 매우 쉽다. 호재가 있기 때문에 사람들의 눈에 띄지 않게 매집할 수 있고 수십억, 수백억 원의 돈을 섞어도 전혀 의심받지 않기 때문이다.

급등하며 상한가가 발생한 5분봉 차트를 한 번 보도록 하자.

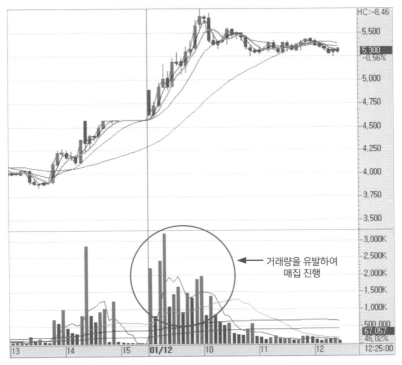

전날 상한가로 마감하여 다음 날 오전에 거래가 활발하게 된 모습

　이 차트를 보면 전날 상한가로 마감한 뒤 다음 날 오전부터 거래가
활발하게 이루어진 것을 볼 수 있다. 아무래도 호재가 있다 보니 여
러 투자자가 다음 날에도 매수와 매도를 이어가는 것이다. 5분 동안
위의 주식은 최소 100만 주, 많게는 300만 주씩 거래가 이루어졌다.
이런 거래를 틈타 세력들은 빠르게 매집할 수 있는 여건을 갖춘다.

거래가 없이 잔잔한 주식에 매집을 시도하는 건 매우 힘든 일이다. 세력들이 조금만 매수해도 주가가 급등하고 금융감독원[4]에서는 해당 회사에게 '급등 사유'를 묻기 때문이다. 이렇게 눈치가 보이는 상황에서 매집하는 것은 쉽지 않기 때문에 세력은 호재와 더불어 급등할 때 물량을 섞는 전략을 많이 사용한다. 특별히 거래가 죽었던 종목일수록 상한가를 만드는 것은 더 쉽다.

그렇기 때문에 필자는 상한가 종목은 정말 호재가 있어서 투자자들의 합심으로 이루어진 경우도 있지만, 보통의 경우에는 세력들이 매집을 위해 의도적으로 만들어 낸 과정이라 본다. 상한가를 기록한 주식은 시간이 지나면 또 오르는 과정이 있는데 이는 세력들이 매집을 끝낸 후 주식을 본격적으로 상승시키기 때문으로 이해하면 된다.

악재와 하락

거래가 유발되는 것은 상한가뿐만이 아니다. 회사의 악재 역시 거래가 유발된다. 주식을 어느 정도 해 봤다면 이 말의 의미를 쉽게 이해하겠지만 주식 초보자라면 무슨 말인지 잘 모를 것이다. 구체적으로 설명해 보겠다.

---

4 공정한 증권 거래를 위해 관리 감독하는 정부기관

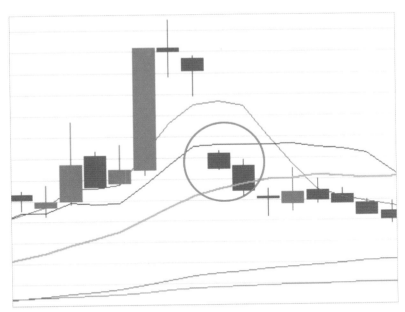

공장 건설 지연 소식으로 급락한 주식의 모습

이 차트의 경우 호재로 상승했지만 주민들이 생산 공장 시설 짓는 것을 반대했다는 이유로 지연되자 하한가에 가까운 하락이 발생했다. 보통 주가가 이렇게 하락하고 이유가 있으면 투자자 입장에서는 매우 예민해진 상태에 돌입하게 되고 갖고 있던 주식을 매도하고 싶은 심리가 발동한다. 계좌는 손실로 돌아섰고 해당 회사는 긍정적인 소식이 없고 좋지 않은 소식만 들리기 때문이다.

여기서 기존에 물량을 들고 있던 세력들이 조금만 매도를 던져서 가격을 낮추면 투자자들은 겁을 먹고 매도하게 된다. 그러면 세력은 매도하는 물량을 다시 매수하여 자신들의 물량으로 돌려놓는다. 이것은 매집하는 방법 중에서 거래량을 유발하는 동시에 기존 주식을 보유한 주주들의 물량을 가져오는 방법으로 쓰인다.

위의 차트에서 악재가 나오고 하락할 때의 거래량에 주목해 보자.

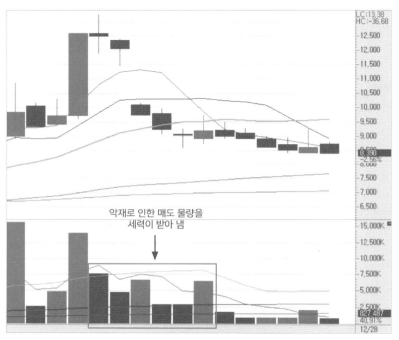

악재가 있음에도 거래량이 유지되는 것을 볼 수 있다.

악재 때에는 악재로 인해 거래량이 유발되는데, 사람들이 매도하면 그것을 받고 매수하는 자들이 있음을 주목해야 한다. 물론 악재가 있기 때문에 바로 주가가 회복되지는 못한다. 이 점에 주의해야 한다. 세력들은 매집한 뒤 바로 주식을 올리는 경우가 많지 않다. 그렇게 되면 거래가 유발될 때 세력들과 같이 주식을 산 사람들만 좋기 때문이다. 세력들은 그런 틈도 용납하지 않는 경우가 많다.

매집하는 순간에는 기존 주주들의 물량을 뺏어 오기 위해 자신들이 매집하는 회사를 좋지 않은 이미지로 만들어 버린다. 그래서 매집 중인 주식은 급락이 잘 나온다.

세력들이 매집하는 개념은 어렵지 않다. 호재와 악재를 이용하여 거래량을 유발시켜 자신들의 돈을 섞는 것이다. 수백억, 수천억 원의 돈으로 평범하게 매수하여 매집하기란 쉽지 않다. 모두 알다시피 세력들은 매수할 때 하나의 계좌로만 들어오지 않는다. 조회가 쉽게 되기 때문이다. 차명계좌를 이용하여 다양한 사람이 매수한 것처럼 꾸미기도 한다.

여기에는 개인, 외인, 기관 등 모든 돈이 포함된다. 바보도 아니고 하나의 계좌로 들어와서 매수한다면 "나 세력이오."라고 말하는 꼴이 아니겠는가? 그렇기 때문에 사전에 철저히 준비해서 매집을 한다고 생각하면 된다.

엔씨소프트(036570)가 2021년 11월 11일에 상한가가 터지는 역사적 사건이 발생했다. 이때 금융기관을 통해 보도된 자료에 따르면 한 개인이 5,000억 원을 투자했다는 소식이 들렸고 그렇게 투자한 개인으로 인해 상한가가 기록된 사실이 밝혀졌다.

엔씨소프트의 사례를 보아도 세력이 단일 계좌를 통해 주가를 올리면 뉴스에 보도가 될 정도로 알려질 수밖에 없다. 그렇기 때문에 세력은 주식을 매집할 때 결코 단일 계좌로 하지 않으며 차명계좌를 이용해서 다양한 이름과 모양으로 주식을 매집한다. 그 방법이 아니고서는 매집은 불가능한 영역이다.

세력들이 매집하기 위해 급등과 급락의 형태를 만든다는 것을 이해했다면 다음은 차트 위치를 이해해야 한다. 고점에서 나오는 급등과 급락은 세력 매집이 아니기 때문이다. 다시 말해 세력들은 저점에서 물량을 매수하지, 높은 가격에서 매수하여 매집하지 않는다. 이런 개념을 이용해서 보통 어떤 가격에서 매집하는지를 체크해야 한다.

장기 이동평균선 수렴에서의 매집

세력들은 주식이 높아진 가격에서 매집하지 않는다. 높아진 가격이란 보합을 주던 움직임에서 최소 2~3배 이상 오른 시점을 말한다. 통상적인 것이기 때문에 세력의 자금 규모에 따라 필자는 2배 이상의 가격에서도 더 큰 그림을 그린 경우에는 매집한다고 생각한다. 하지만 이것은 예외적 상황이기 때문에 일반화할 필요는 없다.

보합에서 움직임은 무엇인가? 장기 이동평균선인 120일선을 활용해서 차트를 살펴보면 된다. 장기 이동평균선을 줄임말로 '장기 이평선'이라 부르겠다. 120일 동안 장기 이평선의 움직임과 주식 가격의 움직임이 수렴 단계, 즉 비슷한 흐름으로 모여 간다면 해당 주식은 긴 시간 동안 누구도 사지 않고 팔지도 않는 상태로 유지됐다고 보면 된다.

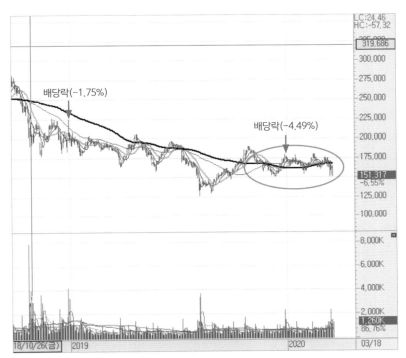

검은색 선이 120일선이다. 주식 가격과 맞물려 크게 벗어나지 않은 상태로 함께 이동하고 있다. 이것을 수렴이라 한다.

이렇게 장기 이평선(검은색 선)과 주식의 가격이 함께 흘러가는 경우는 이 주식이 시장에서 투자자들에게 관심도가 매우 낮아졌다고 보면 된다. 누가 사지도 팔지도 않기 때문에 수렴 단계에 도달하게 된 것이다. 이렇게 종목이 주식 시장에서 소외될 때 세력들이 매집한다고 생각하면 된다.

수렴 단계에 돌입한 주식은 시장의 관심도가 낮기 때문에 호가창이 다른 주식과 다르게 둔한 움직임을 갖는다. 이럴 때는 조금의 호재만 있어도 세력이 급등을 만들어 내기 쉽다. 둔해진 호가창으로 인해 순식간에 들어오는 물량들이 VI를 체결하고 상한가를 만들어 내기 때문이다.

5,370 ▼	210	-3.76%	70,453 ┃18.90%	
▼ 증감	5,430	5,370	382 0.46%	
	40	5,540	KOSDAQ	투
	298	5,530	5,460 시	거
	183	5,520	5,520 고	외
	663	5,500	5,320 저	일
	615	5,490	5,580 기준	
	202	5,480 ┣	7,250 상	차
	288	5,470	3,910 하	
	241	5,460	14 비용	뉴
	514	5,450	5,370 예상	권
	713	5,430	7,106 수량	기
5,370	1 ∧	5,370	▼ 210 -3.76% 576	
5,370	7,106	5,360	1,301	
5,420	6	5,350	1,615	
5,410	15	5,340	877	
5,400	10	5,330	1,160	
5,410	1	5,320	2,263	
5,400	9	5,310	1,435	
5,410	2	5,300	5,095	
5,400	92	5,290	172	
5,410	1 ∨	5,280	563	
	3,757 ┃16:00:00	시간외	15,057 29	

매도 물량이 합쳐서 약 2,000만 원 정도 잔량으로 남아 있다.
장기 이평선과 수렴 상태에는 이렇게 물량이 줄어들게 된다.

위의 호가창을 참고하면 매도 물량이 많지 않기 때문에 조금만 호재가 있어도 호가 물량이 모두 체결되고 빠르게 급등할 수 있게 된다. 즉 이런 상태에서 세력들은 호재와 더불어 물량을 체결시키고 상한가와 더불어 급락시키는 행위로 자금들을 빠르게 회전시키는 것이다.

이런 매집 전략은 이평선 수렴 단계에서 가장 수월하게 진행되기 때문에 세력은 이때를 기다리는 경우가 많다. 쉽게 말해 호가 물량이 줄어든 상황 말이다. 그것을 우리는 장기 이평선을 통해 가늠할 수 있고, 장기 이평선과 수렴할 경우 대부분의 종목이 호가창에서 물량이 적어지는 것이다.

"주식 시장은 매일 급등주가 나오기 때문에 3개월만 지나도 투자자들의 관심이 다른 곳으로 계속 이동한다. 세력은 항상 이때를 이용해 급등을 시키고 매집을 시도한다."

결론은 장기 이평선이 수렴 단계일 때 급등이 나오는 주식은 세력의 매집 신호라고 이해하면 된다. 1년 이상을 큰 시세 변동 없이 장기 이평선과 수렴 단계에서 급등하는 주식들을 관찰하고 모아야 한다. 그 주식이 세력들이 매집하고 준비하는 주식이기 때문이다.

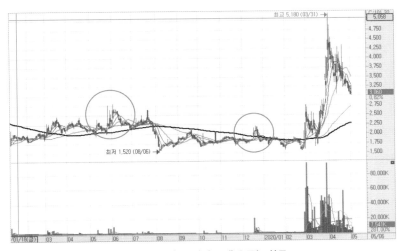

· 장기 이평선 수렴 상태에서 급등락 이후 주가가 크게 오르는 차트

특별히 소형 주식에서 이런 일이 많이 일어난다. 세력들이 매집하기 좋은 주식은 외인과 기관들이 적극적으로 투자하는 코스피 200 우량주식보다 보통 시가총액 1,000억~3,000억 원의 코스닥 주식이다. 주식 시장에서 너무 유명해진 주식은 사람들이 어떤 회사이고, 어떻게 매출을 내는지 잘 알기 때문에 기대감을 주기 어렵다. 하지만 인지도가 낮고 별로 유명하지 않은 소형 주식은 회사가 성장할 것이라는 기대감을 주며 주식 시장에 혜성같이 등장하는 효과로 주가가 더 크게 오르게 된다.

투자자들은 언제나 새롭고 기대감이 있는 주식을 찾기 마련이다. 그런 주식은 대형주에는 없고 시가총액이 상대적으로 낮은 소형 주식에 많이 포진되어 있다. 평소에 들어 보지도 못한 회사의 이름을 가진 주식들이 크게 오르는 법이다.

주식 시장에서 과거에 크게 오른 주식들을 떠올려 보면 간단히 답이 나온다. 그런 주식이 왜 크게 오르는지 과정을 살펴보면 모두 한결같다는 것도 알게 된다. 세력의 매집 패턴을 볼 때 전혀 들어 보지 못한 회사라면 99% 세력이 작업을 진행 중이라고 생각하면 된다.

그럼 세력의 매집 패턴 차트 몇 개를 예시로 보면서 차트 모양을 익혀 보자. 여기서 중요하게 보아야 할 것은 차트의 장기간 흐름을 보면서 검은색 선인 120선의 흐름을 함께 보는 것이다.

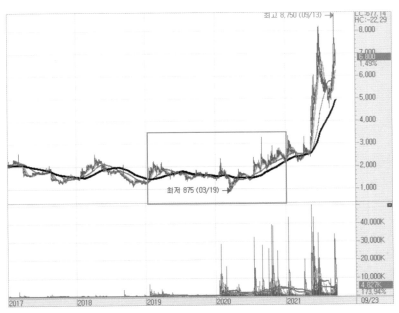

장기 이평선과 더불어 거래량이 발생하며 급등이 자주 나오는 모습

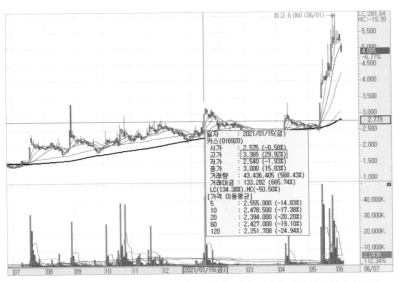

차트를 확대하면 상한가까지 오른 것을 볼 수 있다. 이와 비슷한 급등락을 계속 반복하는데 주가는 일관성 있게 오르지 않는다.

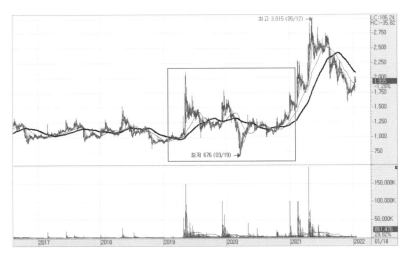

네모 구간을 매집 구간으로 볼 수 있는데, 급등락이 커 보이지만 주가는 1,000~2,000원을 오갈 뿐이다. 세력주의 경우 100% 상승은 큰 상승이 아니다.

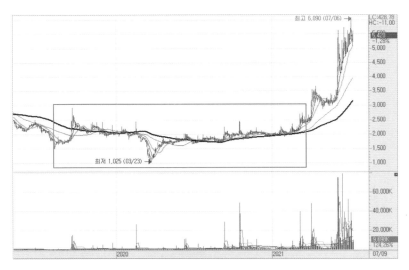

매집 구간에서 급등과 급락을 반복한다. 결국 방향을 잡지 않고 횡보하지만 본격적인 재료 발생 이후로 크게 오르기 시작한다. 이미 준비가 됐다고 볼 수 있다.

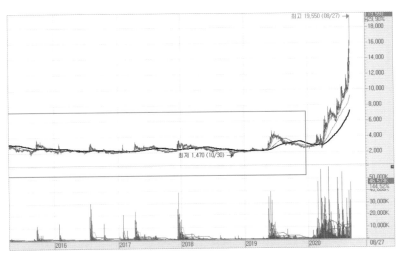

긴 매집 기간만큼 오르는 힘도 강했다.

다시 정리하면 120일선과 함께 움직이는 범위 안에서 급등이 나오는 것을 주목해야 한다. 단순히 장기 이평선과 함께 주가가 움직인다는 것은 긴 시간 동안 위로도 아래로도 크게 움직이지 않고 가격이 120선 범위 안에 머물렀음을 의미한다.

방향을 잡고 흐르지 않는 주식은 결국 누군가 가격을 관리한다는 뜻이고 그 중간마다 20% 이상의 급등 봉이 만들어지면 그때마다 세력이 거래량을 동반하여 매집하는 거라고 생각하면 된다. 매집 때는 되도록 '상한가'가 자주 나오면 좋다. 그만큼 호재를 잘 동반하고 호재와 함께 주식을 밀어 올리는 힘이 있음을 증명하기 때문이다. 이는 세력들이 상한가를 보낼 만큼 자금 여력이 많다는 것을 의미하기도 한다. 그래서 필자 역시 상한가가 자주 나오는 종목을 선호한다.

역대 최악의 작전 주식 '루보'

2001년 코스닥에 루보라는 회사가 상장했다. 작전주가 늘 그렇듯 영업이익은 손실 중이었고, 상장 기업 중에서 작은 회사에 속했다. 이 회사는 2006년 10월 1일 기준 주가가 주당 1,185원이었으나 불과 6개월 후에 51,400원이 되었다. 6개월 만에 무려 43배가 오른 것이다.

작전 세력은 루보의 주가를 올리기 위해 사채업자들의 자금을 동원했고 주가 시세를 조종하기 위해 증권 전문가 다수를 포섭했다. 이들은 금융감독원의 눈을 피하기 위해 주식을 단번에 올리는 방식이 아닌 2,000원까지 2~5% 정도 상승시켰다. 천천히 올리는 이유는 초기부터 주가가 상승하기 시작하면 여러 투자자가 붙어서 작전에 방해되기 때문이다. 그래서 조금씩 시가와 종가를 조종하여 주가를 올린다.

단기간에 2배가 오르자 많은 사람이 주목하게 됐고, 이때쯤 주식을 더 올리기 위한 명분을 얻기 위해 제이유 그룹의 부회장 출신(과거 다단계 사기 혐의가 있었다.)이 루보에 대한 투자설명회를 열었다. 주

루보 차트의 결말

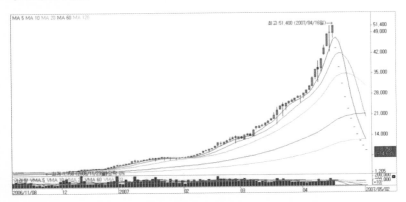

가는 단번에 6,000원까지 상승하였고, 이후 투자자들이 루보 주식을 매입하게 되면서 결국 51,400원까지 올랐다. 당시 코스닥에서 루보는 시가총액 상위 20위 이내에 들어가는 수준으로 주가를 올렸다. 절정 당시 시가총액은 5,174억 원, 연매출 226억 원, 영업손실 9억 원을 기록 중이었다.

　2007년 4월 금융감독원에서 루보를 주가조작 혐의로 조사하기 시작했고, 이 소식이 퍼지자 루보의 주가는 연속 11일간 하한가를 기록하였다. 이로 인해 무수히 많은 개인 투자자들이 피해를 입었고 주가조작 혐의 관련자 4명이 구속되었다. 하지만 작전 세력은 구속되기 전에 주식을 모두 매도한 상태였고 이로 인한 피해는 오로지 투자자들에게 전가되는 비운의 결말을 맞이하고 말았다.

　필자는 이 사태를 보며 현재 주식 시장의 상승 주식과 패턴이 유사

하다고 생각한다. 세력은 상승 출발하기 좋은 위치까지 적은 거래량으로 주가를 올려놓는다. 초입부터 강한 상승으로 올리면 수많은 투자자가 관심을 가져서 높은 위치에서 주식을 넘길 수 없기 때문이다.

그 다음은 해당 주식이 상승하는 이유, 즉 사람들이 납득할 만한 호재를 공개한다. 이제 호재를 동반한 급등과 상승이 시작된다. 그리고 추세를 계속 살려 주가가 지속적인 상승을 하게끔 만든다. 단기간에 크게 오르는 주식은 많은 투자자의 관심을 받게 되고 투자자들의 자금이 자연스레 해당 종목에 들어오게 된다.

높아진 가격에서 미리 매집한 세력은 주가를 개인 투자자들에게 넘기면서 자금을 모두 자신들의 주머니로 회수한다. 루보의 주가 조작이 들킨 이유는 너무 빠른 급등 때문이었다. 또 주가 작전을 위해 사용한 자금이 대부분 국내 자금이었기 때문이다.

단기간에 너무 빨리 상승하면 금융감독원의 조사 대상이 된다. 더군다나 루보의 주가를 조작하기 위해 투자설명회에 참여한 이들의 통장을 모두 압수하는 등 일반적이지 못한 횡보를 보였다. 이런 정황으로 인해 주가 조작이 모두 들통나게 된 것이다. 더군다나 주가 조작을 기획하고 주도한 김 모 씨는 이미 이전에 문제가 있었던 다단계 회사 제이유 그룹의 부회장이었다.

결국 덜미를 잡힐 수밖에 없는 작전이었던 것이다. 하지만 결과는 아이러니했다. 주가 조작 혐의가 인정되고 구속 후 재판을 통해 판결을 받았으나 그 처벌이 굉장히 약했다. 주가 조작을 계획한 김 모 씨가 받은 처벌은 징역 7년, 벌금 70억 원, 추징금 30억 원이다. 단순 계산으로 100억 원을 매집하여 주가가 3배만 올라도 300억 원 수익이다. 사실 그 이상의 돈과 주가 상승을 기록한 것을 감안할 때 피해자들의 피해 금액에 비하면 처벌이 형편없는 셈이다.

루보 사태는 주가 조작으로 시작해 결말까지도 주가 조작 세력이 배가 부른 결말로 마감됐다. 루보 주가 조작 사태는 다소 극단적인 사례이지만 오늘도 루보 주식과 같은 시세 조작은 얼마든지 일어나고 있다. 금융감독원이 일을 못하는 것이 아니다. 주가 조작 세력이 더욱 더 교묘해진 것이다.

루보의 주가는 너무 빠르게 움직임을 줬기 때문에 금융감독원의 모니터링 대상이 됐을 것이다. 요즘 세력은 그렇게 주가를 움직이지 않는다. 충분한 명분과 해외 자금 유입 등으로 진짜와 가짜를 섞는다. 루보와 같은 실속 없는 회사를 터무니없이 주가 조작으로 올리지 않고 충분한 이유와 근거가 있는, 즉 재료가 있는 회사의 주가를 크게 올린다. 상승 기간과 유입 자금만 다를 뿐 루보 주식과 같은 움직임은 매일 매일 일어나고 있다.

2021년 후반기에 발생한 코스닥 상장 회사의 주가 상승과 하락

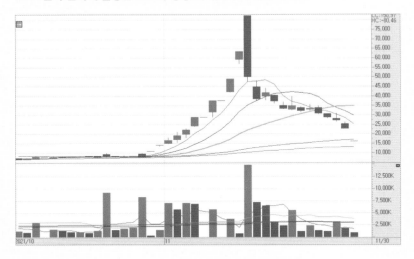

　위의 차트가 루보의 차트와 무엇이 다른가? 루보 세력은 분명히 어설펐고 걸릴 것이 뻔한 작전이었다면 오늘날은 더 발전된 형태로 주가 조작이 이루어지고 있다. 우리는 어쩌면 개선되지 않은 주식 시장에서 세력의 덫을 피하며 투자하고 있는 걸지도 모른다. 여러분은 세력이 물량을 넘기는 고점 위치가 아닌, 저평가된 주식을 매수하여 세력이 올릴 때 도리어 매도하는 투자자가 되길 바란다.

5장

세력의 흔들기 전략 (가짜 하락)

세력들은 매집할 때 리스크가 없도록 최대한 많은 물량을 매집하려 한다. 이때 다른 세력이 들어오지 못하도록 확실하게 물량을 확보하려 한다. 만약 다른 세력이 들어와서 주식을 살 경우 자신들이 후에 주식을 올릴 때 다른 세력에 의해 대량 매도 물량이 일어날 수 있기 때문에 바닥권 또는 보합권에서 미리 주식을 확보하려고 최대한 노력한다.

그럼 우리가 세력이라고 가정하고 어떻게 해야 주식을 뺏을 수 있는지 생각해 보자. 사람들이 가지고 있는 주식을 던지게끔 하려면 어떤 방법을 사용해야 할까? 몇 가지 방법에 대해 이야기해 보도록 하겠다.

장기투자자에게 수익을 줬다가 빼앗기

세력이 가장 빼앗기 힘든 물량은 바로 가치투자자들의 주식이다.

그들이 주식을 던져야 물량 확보가 가능한데 그들은 어지간해서는 주식을 매도하지 않는다. 이유는 회사의 가치를 보고 투자한 것이라 하락이 오면 오히려 더 매수하는 전략을 갖기 때문이다.

결국 세력들이 매집을 할 때 그들은 가장 큰 방해 요소가 된다. 그렇기 때문에 세력들은 일부 매집된 물량을 활용해서 장기로 투자하는 자들에게 수익이 가게끔 만든다. 주가를 일부러 올리는 것이다.

장기투자자들에게 수익을 줬다가 그 수익에 만족해서 주식을 던지면 세력과 장기투자자는 상부상조한 셈이 된다. 그럼 세력은 매집을 위해서라면 어느 정도까지 주가를 올릴까? 대략 2배 정도이다. 쉽게 말해 주식 가격이 1,000원일 경우 2,000원까지 주식을 올려서 급등을 만들어 준다. 대부분의 사람은 2배를 올렸으면 세력이 나가는 것 아니냐고 반문하지만 그렇지 않다. 수백억 원 이상의 물량을 매집한 세력들이 투자한 시간과 비용과 더 올릴 기회가 있는데도 고작 2배 올리고 나간다는 것은 말이 되지 않는다.

특히 시가총액이 크고 유통 물량이 많은 주식의 경우에는 그렇게 빨리 나가지 못한다. 차트를 보면 답이 나오는데 2배 정도 오르고 다시 내리고를 반복한 주식일수록 시간이 지나서 크게 급등하는 경우가 굉장히 많기 때문이다. 이것은 큰 상승을 위한 매집 과정이라고 보는 것이 적절하다.

만약 2배를 올렸는데도 가치투자자가 주식을 던지지 않고 욕심을 부리면 어떻게 되는가? 세력들은 언제 그랬냐는 듯 주식을 강하게 하락 추세로 전환시킨다. 이때부터는 어떤 투자자든 간에 생각이 많아

지게 마련이다. 내가 산 뒤로 주가가 2배 올랐는데 매도를 하지 않으
니 다시 본전 가격으로 돌아오는 것이다. 보통의 사람이라면 후회가
몰려오고 해당 주식을 욕하며 가지고 있는 주식을 던지게 된다. 상식
적으로 2배가 올랐다가 빠르게 제자리가 되는 경우는 멀쩡한 회사의
주식이라 생각하기 어렵기 때문이다.

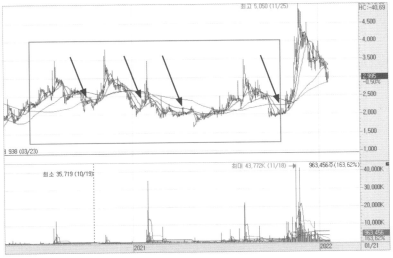

상승과 하락을 빠르게 진행 중이다. 이런 경우 매집 과정으로 볼 수 있다.

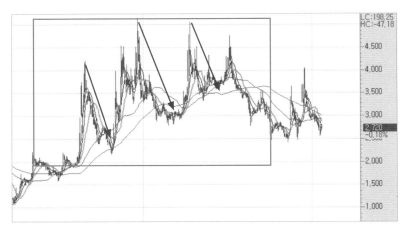

빠르게 상승했다가 오른 속도만큼 내려오는 것을 계속 반복 중이다.

이렇게 계속 오르락내리락을 반복할 경우 해당 주식을 가지고 있는 사람은 정신이 없고 주식이 오를 때 빨리 팔아야겠다는 생각을 하게 된다. 수익이 나올 때 팔지 않으면 다시 제자리로 돌아오거나 더 밑으로 내려가는 일이 반복되기 때문이다.

이런 식으로 세력들은 물량을 확보할 수 있게 된다. 세력이 목표 물량을 채우고자 작정한다면 어떤 사람도 세력 흔들기에 버틸 재간이 없다.

가파른 하락

투자자들이 매수 후 공포를 느끼는 순간은 내가 산 주식이 단 며칠 만에 큰 폭으로 하락해 손실이 커질 때이다. 이때는 경험이 많은 투자자라 할지라도 초조해지고 불안하며 손실 난 주식이 다시 올라오길 간절히 바라게 된다. 하지만 쉽게 올라와 줄 것이라면 세력이 처음부터 이런 하락을 만들지 않았을 것이다.

긴 보합권에서 매집할 때에는 차트를 깊게 누르고 망가트려 마치 회사에 무슨 일이 생긴 것마냥 투자자들에게 불안감을 조성하는 압박을 가한다.

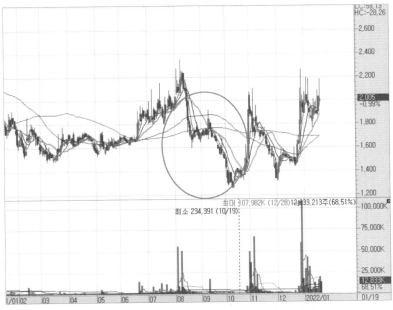

이런 차트의 주식을 보유하고 있다고 가정해 보자. 공포감이 심할 것이다.

위의 차트를 보면 하락할 때 속도가 매우 빠르다. 세력들이 물량을 뺏을 때는 절대로 평범한 방법을 사용하지 않는다. 어떻게든 개인 투자자들의 보유 심리가 꺾이도록 만들어야 주식을 내놓기 때문이다.

그러기 위해서는 가파른 하락이 가장 효과적이다. 주가가 하락할 때 천천히 떨어지기보다 빠른 속도로 떨어지면 투자자는 극심한 공포감을 느낀다. 그래서 떨어질 때 매도를 하거나 또는 조금이라도 다시 올라오거나 본전 근처가 되면 주식을 매도하게 된다.

이런 하락을 일명 '가짜 하락'이라고 하는데, 이것을 파악하려면 세력이 매집 과정 중인지 아닌지를 정확하게 알아야 한다. 그러려면 세밀한 분석이 필요하다. 그 분석 중 첫째는 회사가 정말 악재가 없는 상태인지 확인하는 것이고, 둘째는 이전에 큰 상승이 나온 뒤 떨어지는 주식인지 여부이다.

정말 악재가 아닌가?

회사의 존폐 위기에 따른 하락이 아닌 경우는 대부분 가짜 하락일 가능성이 높다. 존폐 위기는 대주주가 횡령을 했거나 회사 운영이 어려워져 매출이 급감하는 경우를 말한다. 이런 경우는 '진짜 하락'으로 곧 끝을 알 수 없는 하락이 시작될 수도 있다.

그래서 주가가 떨어질 때는 최소 뉴스를 통해 회사에 무슨 일이 있는지 간단하게 체크하고, 재무제표를 통해 매출 상황에 큰 이상이 없느지 정도를 관찰해야 한다. 회사 매출이 전혀 없는 주식에 투자하는 건 회사가 정말 문을 닫을 수도 있는 위험 요소가 있으므로 아무리 매집을 잘한 주식이라도 주의하고 매수 대상에서 제외하는 것이 좋다.

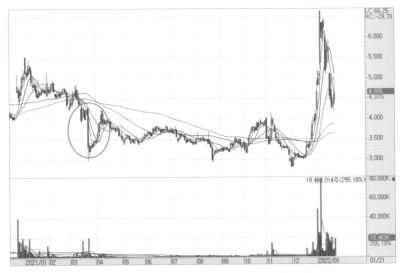

아무 이유 없이 주가가 동그라미 부근에서 하락했다가 이후 상승한 차트

위의 차트는 회사에 미치는 치명적인 악재나 소식이 없는데도 주가가 큰 폭으로 하락하고 그 뒤에도 힘을 못 쓰고 계속 하락했다. 이럴 때는 해당 주식을 들고 있는 투자자들이 정신적으로 매우 힘들어지게 된다. 결국 시간이 지나 매도를 하게 되고 주식을 세력들에게 넘겨주게 된다.

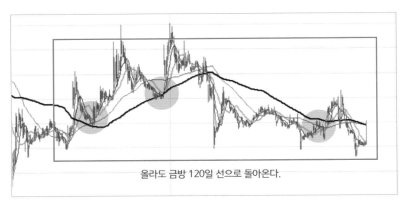

올라도 금방 120일 선으로 돌아온다.

120일선과 함께 움직였던 이전 흐름

하지만 이전 흐름을 보면 특별히 큰 상승 없이 120일선과 함께 주가가 움직이면서 보합권을 유지한 것을 볼 수 있다. 이런 상황에서 세력들이 차익 실현을 할리 없지 않는가? 오히려 이런 상황에서 나오는 하락은 세력들이 물량을 빼앗기 위해 선제 조치를 취하는 것이라 볼 수 있다.

앞 장에서 설명한 매집하는 과정의 차트 이해도가 높으면 의도적으로 차트를 밀어서 물량을 빼앗고 흔드는 것이라는 사실을 인식할 수 있다. 그럼 이를 역이용하여 세력주를 공략하는 투자자는 오히려 세력들이 밀어낸 싼 가격에 주식을 더 매수할 수 있게 된다.

보통의 투자자들은 세력에 대한 지식이 없기 때문에 주가가 하락하면 회사에 무슨 일이 생겼다고 판단해서 세력이 나갔다고 생각한다. 하지만 정말 많은 경우에 이런 하락 후 주가가 크게 오르는 것을 볼 수 있다. 결국 이런 무의미한 하락은 주식을 빼앗기 위한 세력들의 전략이라는 걸 알게 되는 것이다.

1~2개의 차트만 이런 상황이 된다면 우연이라 볼 수 있겠지만 크게 상승하기 전의 차트를 보면 이런 상황이 필연적으로 나타난다. 그렇기 때문에 하나의 패턴으로 이해하고 대응한다면 주식 매매가 더 수월해진다.

회사가 정말 악재가 터져서 밀려 나가는지, 이전에 큰 상승을 냈기 때문에 세력이 '정말' 나가는지를 정확히 구분해야 한다. 여기서 중요한 점은 무조건 내려가는 것이 아니라 기존에 주식을 보유한 투자자들의 '심리'를 위축되게 만드는지 여부이다. 그런 차트는 변동성이 만들어질 경우 세력이 투자자들의 주식을 빼앗기 위해 의도적으로 만드는 차트라고 생각해야 한다.

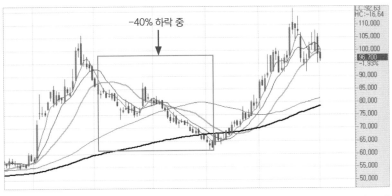

돈이 많은 세력은 시가총액 5조 원이나 되는 주식도 위와 같이 흔든다. 두 달 정도 되는 시간에 고점에서 −40% 하락했다. 주가를 흔드는 기간에는 −40% 하락도 충분히 가능하다는 걸 알 수 있다.

이럴 때 내가 주식을 보유했다면 당황해서 매도할 것이 아니라 차분히 기다렸다가 주식이 더 저렴해질 때 추가 매수를 고려해야 한다. 앞서 3, 4장의 내용을 올바르게 이해했다면 세력이 매집하는 신호를 발견하고, 세력이 흔들기 전략을 사용할 때 물량을 빼앗기고 손해를 보는 일은 없어야 한다. 바로 그걸 세력이 원하기 때문이다.

그럼 세력의 물량 뺏는 전략 이후 주가가 결국 어떻게 흘러가는지 예시 차트를 보고 이 장을 마치도록 하겠다. 이 차트들을 보면 공통적으로 장기 이평선 120일선과 합을 맞추며 움직이고 있다. 매집 중인 차트는 결국 120일선과 함께 움직이기 때문에 유심히 살펴봐야 한다.

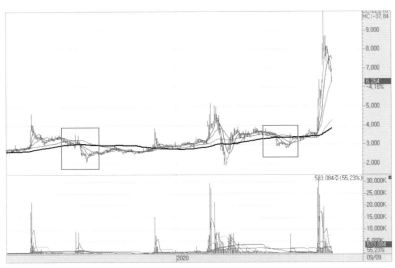

2년간 큰 상승 없이 보합을 주면서 급락을 자주 발생시키고 결국 큰 상승으로 이어졌다.

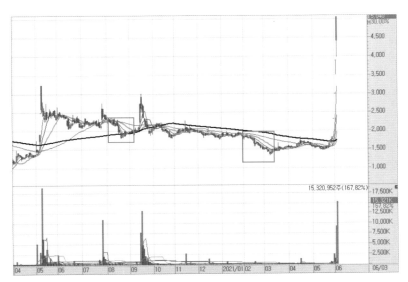

큰 상승이 나오기 3개월 전에 한 달간 하락했다.

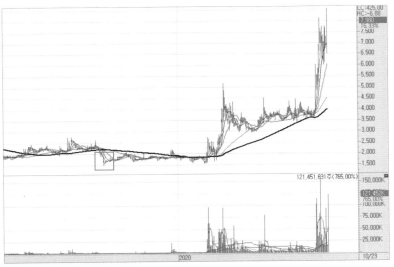

급락 후 가격을 낮춘 상태에서 보합을 유지했다.

6장

세력의 상승 출발을 위한
스토리 작전

세력은 주가를 상승시킬 때 아무 이유 없이 올리지 않는다. 이유 없이 주가가 크게 오르면 금융감독원에서 시세 조작 의심으로 조사에 들어가기 때문이다. 그래서 주가가 상승할 때 상황을 납득시킬 만한 호재가 필요하다. 투자자들 역시 호재 없는 주식에는 섣불리 투자하지 않는다. 기대감을 갖게 만드는 호재가 있는 주식에 투자하기 때문에 호재를 동반한 상승은 필수라 할 수 있다.

주가가 오르기 위해 필요한 명분을 '재료'라고 한다. 투자자들은 스토리가 있는 주식에 투자하고 싶어 한다. 내가 투자하는 회사가 앞으로 매출이 급격히 늘어나면서 대형 회사로 거듭나길 바라는 것이다. 그것은 투자의 본질이기도 하다. 투자하는 회사가 급속도로 성장하여 매출이 늘어나고 주식 시장에서 가장 주목받는 회사가 되는 드라마틱한 전개 말이다. 그런 종목에 큰 상승과 큰 수익이 있기 때문에 투자자들은 이런 상황에서 과감하게 투자를 시작한다.

반대로 호재가 없고 기대감이 없는 회사의 주가는 크게 오르지 않는다. 이것은 주식 시장에서 당연한 것이다. 그럼 구체적으로 어떤

대시세 단골 섹터 '바이오'

바이오 주 상승은 모든 투자자에게 엄청난 기대감을 주는 섹터이다. 이유는 바로 '임상 실험'이다. 임상 실험은 여러 개발 단계를 거쳐 바이오 회사에 매출 상승의 기대감을 주는 재료이다.

먼저 바이오 주식 시장의 특성을 살펴볼 필요가 있다. 사람은 누구나 아프고 병들기 때문에 이와 관련된 치료제가 인류에게는 언제나 필요한 법이다. 누구나 건강하게 살고 싶고 병에서 낫길 바라기 때문이다. 사람들은 자신의 병이 심각해질 경우 병을 고치는 데 돈을 아끼지 않는다.

그렇기 때문에 어떤 회사에서 특정 질병을 치료해 줄 치료제가 완성된다면 부르는 게 '값'이 된다. 바이오 제약 회사가 치료제를 개발할 경우 주식 시장 규모는 전 세계인을 대상으로 하게 되고 그에 따른 매출은 상상을 초월하게 된다.

아직도 고치지 못한 병이 무척 많고 개발해야 할 치료제가 무척 많다. 바이오 회사 주가가 크게 오르기 위해서는 중대한 질병을 고치는 임상 실험이 필수이다. 흔한 감기 치료제를 만든다면 누가 환호하겠는가? 아직 인류가 완벽하게 정복하지 못한 질병 중 하나는 바로 '암'이다. 수많은 사람이 암에 걸리고 생사를 오간다.

그렇기 때문에 암 치료제를 만들고 개발한다면 바이오 회사는 순식간에 영웅으로 등극하고 회사의 매출은 상상을 초월하게 될 것이다. 이런 기대감 때문에 주가 역시 미래 가치를 반영하여 크게 오르는 것이다. 임상 실험이 3상(최종 단계)까지 무사히 진행된다면 치료제가 완성될 가능성이 높아져서 주가는 당연히 더 크게 오르게 된다.

더 나은 회사가 될 수 있는 '인수합병'

인수와 합병은 서로 다른 의미이다. 하지만 본질은 같다. 보다 더 나은 회사에 소속됨으로써 더 나은 회사가 될 거라는 기대감이 생기기 때문이다. 예를 들어 A란 회사가 기술력은 좋지만 회사의 자본력이나 인프라 등을 구축하기 어려워 난항을 겪고 실제 매출이 저조할 때 B라는 우량기업이 이를 알아보고 인수하여 회사의 기술과 자본력을 바탕으로 더 나은 회사가 되는 것이라 이해하면 된다.

이것 역시 앞에서 이야기한 바이오 섹터와 마찬가지로 주식 시장에 주는 기대감이 상당히 크다. 주식 시장을 오랫동안 관찰한 입장에서 볼 때 매출 규모가 작은 회사는 기술력을 보유했다고 해서 매출이 크게 늘어나는 경우가 거의 없다. 잠시 동안은 매출 규모가 늘겠지만 경쟁사들도 이를 알아채고 기술을 개발하여 또 다시 매출이 부진해지는 경우가 생기기 때문이다.

그래서 주식 시장에서는 어떤 회사가 인수합병된다는 소식이 들리면 주가가 바로 '상한가'로 직행하게 된다. 보다 더 나은 회사가 경영권을 맡을 경우 이전보다 훨씬 나아질 것이란 기대감 때문이다. 매출이 부진했지만 상황이 반전되어 매출을 더 극대화할 것이란 기대감이 생기는 것이다. 앞서 설명한 바이오 섹터 역시 매출이 늘어날 것이란 기대감으로 주가가 오르는 것을 선반영한 것으로 보면 된다.

시대의 영웅이 필요한 '테마주'

어느 시대든 전 국민의 관심을 끄는 여러 일과 사건이 발생한다. 예를 들어 북한이 미사일 발사 또는 핵 실험을 강행할 경우 한국에 있는 국민들은 안보의 위협을 느끼게 된다. 이럴 때 주식 시장에는 테마주가 형성되어 일어난 상황을 통해 수혜가 생길 주식에 주목한다. 그리고 해당 주식은 상승을 시작한다.

세력들은 정치적, 외교적 이슈를 통해 미리 준비된 화젯거리를 가지고 주식을 움직일 계획을 갖는다. 모든 테마를 그렇게 보기는 어렵지만 정치나 정책 관련주는 세력의 계획대로 움직일 수 있다. 모두가 필요하다는 암묵적 동의를 얻은 순간부터 주식은 크게 상승하기 시작한다.

북한에서 미사일 발사나 핵 실험을 강행할 경우 국내 주식 시장에서 상승하는 주식은 언제나 고정적이었다. 그래서 주식 투자자들 사이에서는 농담으로 북한에서 미리 매집하고 미사일을 쏜 것 아니냐

최고 14,850 (06/19)

단기간에 2배 상승

북한에서 미사일 발사 긴장감이 고조될 때 관련 주식은 단기간에 2배가 넘게 상승했다.

고 말하기도 한다. 역사적으로 이런 일들이 계속 반복됐기 때문에 필자 역시 의심을 충분히 해 볼 수 있다고 생각한다.

여기서 주목할 것이 있다. 어떤 스토리가 세력들이 올릴 때 가장 좋을까? 세력들이 투자자들을 주목시키고 끌어들일 만한 '스토리'는 무엇일까?

"회사가 매출이 크게 늘 것이란 기대감을 주는 재료이다."

세력들은 투자자들에게 꿈과 희망을 심어 줘야 한다. 그래야 투자자들이 가지고 있는 돈을 주식에 과감하게 투자한다. 그 꿈은 무엇인가? 현재 상황을 통해 회사의 매출이 더 많이 늘어나고 '글로벌 회사'로 성장하는 것이다.

그래서 세력이 본격적으로 주가를 상승시키는 순간에는 어설픈 영업이익 개선의 호재보다 회사가 세계 주식 시장에 진출할 재료를 띄운다. 그러면 투자자들은 그때 올라간 주가를 높다고 평가하지 않고 더 오를 거라고 생각해 과감하게 매수에 나서게 된다. 즉 그때부터 세력이 높은 가격에 매도하는 주식을 매수하게 되는 것이다.

세력이 볼 때 개인들의 역할은 바로 이것이다. 매집할 때는 끼어들지 말고 자신들이 높은 가격에서 주식을 던질 때 받으라는 것이다. 이때는 투자자들이 '혹'할 만한 스토리를 가지고 와서 주식 시장에 내놓게 된다.

가장 강력하고 큰 호재는 앞서 말한 임상 3상 실험 뉴스이다. 1상과 2상도 매우 기대감이 높지만 3상은 통과벽이 높고 이것을 통과하면 신약이 완성됐다고 보기 때문에 해당 주식은 매우 높게 상승할 수 있게 된다. 특히 임상 실험 내용이 인류가 정복하지 못한 질병의 경우라면 더욱 더 크게 상승한다.

여기서 핵심을 짚어야 한다. 단순히 임상 3상이라는 명분보다 더 자세히는 해당 회사가 글로벌 회사가 될 것인가란 본질적 내용 말이다. 임상 3상이 통과되면 글로벌 제약 주식 시장에서 신약을 판매할 수 있게 된다. 즉 글로벌 주식 시장에서 먹히기 때문에 임상 3상이 의미가 있는 것이다. 이것이 국내에 한정된다면 아무리 임상 3상을 통과할지라도 기대감이 덜하다. 제약 바이오 주식 시장의 매력은 전 세계인을 대상으로 약을 판매하는 것에 매력이 있는 것이다.

기업도 마찬가지다. 주가가 크게 오르고 성장하려면 글로벌 주식 시장에 진출할 것이란 기대감이 필수적이다. 현재 시점인 2022년 기준으로 최근까지 전기차 섹터가 크게 상승을 했다. 왜인가? 전기차

최고 575,100 (11/18)

주가가 10배 상승

최저 44,550 (10/08)

글로벌 주식 시장에 전기차 부품을 조달하게 되자 주가가 10배나 올랐다.

부품을 조달하여 미래에 글로벌 주식 시장에서 선두가 될 것이란 기대감 때문이다. 기존의 완성차 업체와 관련된 기업의 주가가 크게 오른 적은 거의 없다. 매출이 늘어나 영업이익과 함께 상승하는 것을 제외하고는 특별히 오를 일이 없다. 이미 완성차 업계에서 글로벌 주식 시장에 진출했고 꾸준한 매출을 내고 있어서 더 이상의 기대감이 없기 때문이다.

하지만 국내에만 머물고 있던 회사가 갑자기 급부상하여 세계 주식 시장에서 '러브콜'을 받으며 진출한다고 생각해 보자. 해당 회사는 매출이 어느 정도까지 늘어날지 가늠할 수 없을 정도로 큰 호재가 생겼다고 볼 수 있다. 주식은 '기대감'을 줘야만 투자자들이 환호하기 때문에 극적인 스토리를 종목에 부여하면 주가는 크게 오를 수 있게 된다.

그래서 세력은 이런 스토리를 철저하게 준비해서 투자자들에게 납득시키는데, 이것을 완성하기 위해서는 2가지 요소가 필요하다. 하나는 단발성 스토리(수주 공시로 인한 상승)로 끝나면 안 되고, 또 하나는 매출 규모가 가늠되지 않아야 한다는 것이다. 매출 규모가 쉽게 파악되면 해당 주식은 밑이 다 보인 것이라 할 수 있다. 정확한 매출 규모가 파악되지 않아야 주식을 올리는 데 시간을 벌 수 있고 사람들이 가늠할 수 없는 정보를 믿고 계속 투자할 수 있게 된다.

조금 더 설명을 붙이자면 어떤 회사의 계약 공급 호재가 발생했는데 계약 규모가 크지 않다면 주가는 상승으로 반응하기 어렵다. 예를 들어 정부 방침으로 전국에 있는 시내버스에 CCTV를 의무적으로 설치하기로 했다면 이것 역시 호재가 맞지만 전국에 있는 버스의 규모는 이미 정해져 있기 때문에 매출이 반짝 오를 뿐 지속성 있게 매출이 늘어나는 것이 아니다.

매출이 꾸준하게 늘어나고 회사가 지속적으로 성장하며 세계 주식 시장에 진출한다는 꿈과 희망이 주가를 크게 오르게 만든다. 또한 이런 주식은 크게 올라도 사람들이 결코 의심하지 않는다. 세력은 이런 스토리를 이용한다는 걸 잊지 말도록 하자. 세력의 스토리는 항상 바뀌기 때문에 세력주를 연구하고 투자하는 사람이라면 과거에 올랐던 주식들의 내용과 스토리를 찾아볼 필요가 있다.

와조스키 칼럼 3 STOCK

주식은 도박인가?

사람들은 주식 시장에서 손해 보고 오히려 빚을 지고 나온 결말을 맞은 사람을 주식 투자자로 보지 않고 '주식 도박꾼'으로 본다. 필자가 봐도 그렇다. 도박판에 초짜가 들어가면 처음에는 돈을 벌게 해 준다. 도박의 '맛'을 느끼게 해 주는 것이다. 그 뒤로 어떠한가? 판을 조작하는 사람들로 하여금 이기던 승률이 계속된 패배로 바뀌게 되고 계속 돈을 잃게 된다.

주식도 비슷한 경우가 많다. 처음부터 주식 투자를 큰돈으로 하는 사람은 거의 없다. '재미로 해 볼까?', '소액으로만 해 볼까?', '공부 차원으로 해 볼까?' 생각하며 시작한다. 처음에는 부담 없는 금액인 몇백 만원 수준으로 투자를 시작하지만 하면 할수록 전 재산을 다 넣게 되는 기이한 현상에 도달하게 된다.

온라인 커뮤니티에서 공감 가는 게시글을 보았다. ○○증권사에서 이벤트로 게시글을 쓴 자신에게 3,000원짜리 주식 1주를 선물로 주었고, 그 주식이 움직이는 걸 관찰하다가 1년 뒤에 자신의 전 재산 3억 원을 주식 시장에 투자했다고 한다. 그러고는 수익 인증을 했는데 손실이 마이너스 -1억 원 진행 중이었다. 그 글에 자기 이야기를 하는 줄 알았다는 댓글들이 줄을 이었다. 선물받은 주식 '1주'가 전 재산을 끌어다가 투자하게 만든 것이다.

이성이 마비된 상황에서 주가가 흘러내릴 때 손해의 고통을 참지 못하고 원금을 복구하겠다는 욕심과 감정에 앞서 자신의 전 재산을 다 끌어다가 투자하는 경우라면 결과적으로 도박판과 다를 바 없다. 필자도 주식 시장에 오래 있었기 때문에 '주식판이 도박판과 같다.'는 현상은 부정하지 않는다.

그런데 주식 투자하는 사람이라면 어느 누구도 자기가 도박꾼이라 생각하지 않는다. 분석가 또는 트레이더라고 칭한다. 그러나 위와 같이 감정에 휘둘려 자신의 전 재산을 감정에 의해 투자하고 있다면 타인이 객관적으로 볼 때는 도박꾼과 다를 바 없다. 한 가지 다행인 점은 도박판은 24시간 운영하지만 주식 시장은 오후 3시 30분에 마감하고 주말에는 열리지 않기 때문에 그나마 이성을 찾을 수 있는 시간이 주어진다는 것이다.

누구도 도박꾼이란 소리는 듣기 싫을 것이다. 그렇다면 이 책을 읽는 여러분은 스스로 어떤 위치에 있는지 냉정하게 돌아볼 필요가 있다. 워렌 버핏이 도박꾼인가? 증권사 애널리스트들은 도박꾼인가? 전국에 있는 모든 증권 트레이더는 도박꾼인가? 답은 'NO'다. 전부 도박꾼이 아니다. 진정한 분석가들이고 직업 정신을 갖고 있는 트레이더들이다.

그 차이는 하나다. 이성적 판단을 하는가? 감정적 판단을 하는가? 고객의 자산을 위탁받아 투자하는 회사의 직원이라면 결코 감정적으로 투자 대상을 고를 수 없다. 잃어도 감정이 앞서지 않는다. 손해를 본 아픔은 있지만 자신의 재산을 잃은 것이 아니기 때문에 또 다시 이성적 트레이딩을 이어 나갈 수 있다. 회사에서 제시하는 '룰'이 있기 때문에 다시 그 틀에 맞춰 매매를 이어 나간다. 여러분도 이와 같이 주식 투자를 한다면 '트레이더'라 칭할 수 있다. 하지만 손실에 감정이 흔들려 자신의 전 재산을 투자해서 복구하겠다는, 이성이 마비된 매매를 진행하고 있다면 그건 도박꾼의 말로를 향해 가는 것과 같다.

사실 많은 사람이 주식 투자를 하다가 손해 본 경험이 있기 때문에 개인 투자자들을 안쓰럽게 쳐다보거나 도박꾼으로 취급하는 경우가 있다. 그런데 아이러니하게도 만약 당신이 주식 투자를 통해 손실이 아닌 '수익'을 꾸준하게 발생시키고 있다면 모두 당신을 도박꾼이 아닌 트레이더로 본다는 것이다.

즉 인정받는 트레이더가 되기 위해서는 이성적 판단과 더불어 지식에서 나온 꾸준한 수익 체계를 가져야 한다. 아직 감정을 완전하게 컨트롤할 수 없고 꾸준한 매매 체계가 없다면 완전한 트레이더라고 말할 수 없다. 그때는 주식 견습생이라 표현하는 것이 옳다.

도박꾼이 되고 싶지 않다면 당장 감정에 휘둘리는 '뇌동매매'를 멈추고 올바른 매매 시스템을 갖추길 바란다. 프로 선수는 자신이 경기에서 지고 있다고 해서 감정적으로 행동하지 않는다. 여러 훈련 과정을 거쳐 이 순간을 헤쳐 나갈 길을 걸을 뿐이다. 이 글을 읽는 여러분도 프로 선수와 같은 트레이더가 되길 바란다.

7장

세력이 매집하기
좋아하는 종목

세력들은 모든 주식을 매집하고 올리지 않는다. 앞서 설명한 내용을 적용하려면 너무 소형 주식이거나 너무 대형 주식(코스피200)은 매집할 수 없다.

소형 주식을 매집할 수 없는 이유

세력들은 호가를 장악하고 물량을 컨트롤해야 하기 때문에 시가총액과 유통 주식량이 너무 적은 주식은 매집할 수 없다. 예를 들어 세력이 500억 원을 가지고 매집한다고 가정하면 시가총액이 500억 원인 주식은 매집할 수 없는 법이다. 대주주 비율도 고려해야 하고 기존에 해당 주식을 보유한 사람들의 주식을 모두 회수할 수는 없기 때문이다.

규모가 큰 세력의 경우 매집 자금이 최소 500억 원 이상으로 추정한다. 정확한 것은 아니지만 주가를 올릴 때 세력이 사용하는 기술

요소와 자금 투입 규모를 볼 때 가늠해 볼 수 있는 수치이다.

분봉으로 급등하는 차트를 보면 한 번 급등할 때마다 대략 10억 원 정도의 자금이 사용된다. 이렇게 10억 원 정도 투입하면 주가는 2~4% 정도 급등한다. 하루 상한선은 30%이므로 이런 식으로 하루 상한가까지 끌어올리려면 최소 10번 이상 2~4%의 급등을 만들어야 한다. 그럼 하루만 이렇게만 움직여도 약 100억 원의 비용이 소비된다고 추정할 수 있다. 이런 급등을 5번만 만들면 주가는 150% 상승하게 된다.

물론 세력이 일정하게 상한가를 계속 만들어 내는 것은 아니다. 시가를 띄우기도 하고, 종가를 올리기도 하고, 시간 외에서 올리기도 하며 다양한 전략을 구사한다. 단순 계산으로 볼 때 여러 투자자를 물리치면서 주가를 올리려면 결국 큰돈이 필요하고 이 돈을 운영할 수 있는 적절한 시가총액과 유통 물량의 주식이 필요하다. 그래서 시가총액 500억 원 내외의 회사는 매집할 수 없고 상승시키기도 제한되는 것이다.

대형 주식을 매집할 수 없는 이유

코스피 200에 편입된 회사들은 매집하기 어렵다. 이유는 우량주식일 경우 세력이 아무리 흔들어도 주식을 내놓지 않고 오히려 떨어질 때 더 많이 주식을 매입하는 주주들이 있기 때문이다. 특히나 연기금의 자금들은 지수가 떨어지고 주가가 떨어져도 매도하지 않는다. 이유는 약속된 기간이 있고, 급하게 자금을 회수할 필요가 없기 때문이다.

또한 시가총액이 크기 때문에 유통되는 주식의 수도 매우 많다. 이것을 다 매집하고 또 쉽게 내놓지 않는 투자자들의 주식까지 빼앗는 건 실제로 불가능하다고 볼 수 있다. 그래서 코스피 200과 같은 우량주식은 세력이 매집하지 않는다고 보면 된다. 쉽게 말해 주가가 20% 이상 급등한 이력이 없다면 그것은 세력이 올리기 힘든 주식이라 보면 된다.

세력이 매집하기 좋아하는 주식

그럼 세력은 어떤 주식을 매집하기 좋아할까? 정확하게 선을 긋기는 어렵지만 통상적으로 주당 가격이 800~20,000원 주식과 시가총액이 최소 700억~3,000억 원 주식이라 보면 된다. 세력이 1종목에 500억 원 이상 매집하길 원한다면 시가총액은 당연히 1,000억 원이 넘어야 한다. 그 정도 매집된 주식은 매집 자금을 바탕으로 시세를 높게 올릴 수 있는 체력이 된다.

위의 조건에 맞는 주식들을 찾아보면 보통 우리가 잘 들어 보지 못한 이름이 나온다. 그게 맞다. 왜냐하면 너무 유명한 주식은 우리가 이미 알고 있는 회사들이기 때문에 새로운 주식에 대한 기대감이 없기 때문이다.

"주식 시장은 매출을 잘 낸다고 주가가 상승하는 것이 아니라 새로운 사업에 대한 기대감으로 오르는 것이다. 아무리 우량주식이라 해도 기대감이 없다면 주식은 오르지 않는다."

세력은 적절한 매집 수량과 별로 유명하지 않은 회사가 주식 시장에서 주목받아 영웅처럼 등장하여 미래에 큰 회사로 성장할 것과 같은 기대감을 투자자들에게 주어야 한다. 그래야 세력의 주가 상승 플레이가 성공적으로 마감될 수 있다. 그럼 주가가 크게 오른 주식 차트들을 보면서 시가총액과의 연관성을 살펴보도록 하자.

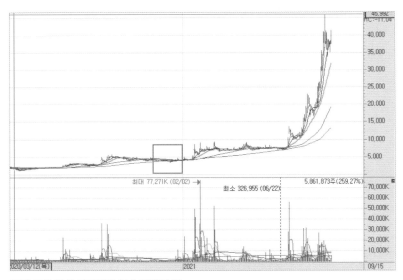

표시 시점 당시 시가총액 약 2,000억 원

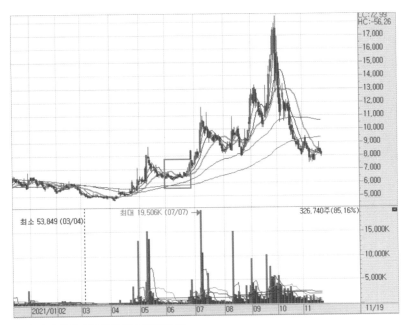

표시 시점 당시 시가총액 약 1,850억 원

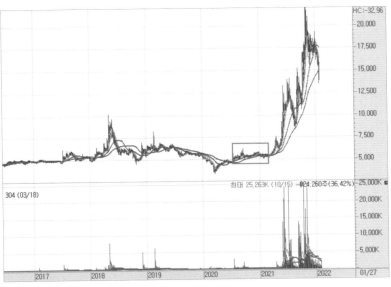

표시 시점 당시 시가총액 약 950억 원

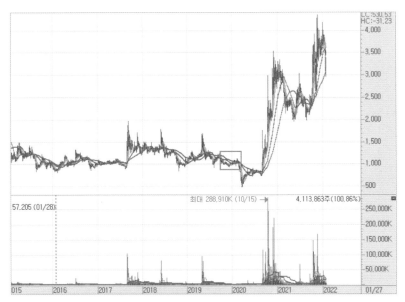

표시 시점 당시 시가총액 약 1,400억 원

어떤가? 몇 개의 종목에서 크게 오른 형태를 볼 수 있다. 저런 상
승은 시가총액이 매우 낮은 종목에서 드물게 나타나는 현상이다. 우
량주식에서는 보기 힘든 현상이기도 하다. 그 중간 지점을 잘 파악해
야 세력이 어떤 종목을 매집하기 좋아하는지 감을 잡을 수 있다.

물론 주식 시장에는 다양한 변수가 있기 때문에 시가총액이 낮아
도, 높아도 오를 수 있다. 그 이유는 글로벌 자금의 유입 규모에 따라
주식 시장의 방향이 달라지기 때문이다. 그렇다고 해서 기준 없이 모
든 종목을 세력주로 구분해서는 안 된다. 주식 투자에는 분명한 기준
과 원칙이 있어야 하기 때문이다.

축구로 예를 들어 보자. 보편적으로 초등학교 시절부터 선수 생활을 거치고 유학을 다녀오고 좋은 코치 밑에서 훈련을 잘 받은 선수가 기초도 탄탄하고 성적도 좋게 나올 수 있다. 그렇지 못한 아마추어 선수가 어쩌다 한 번 잘한 것을 가지고 좋은 선수라 칭할 수는 없다. 아마추어 가운데도 좋은 선수가 배출될 수는 있지만 통상적으로 좋은 선수가 나오는 '과정'에서 프로 선수를 뽑는다.

주식 투자에서도 세력이 통상적으로 크게 오르는 주식을 공략해야 한다. 시가총액이 낮은 소형주 또는 대형주의 경우에는 큰 상승이 나오기 어렵다. 그렇기 때문에 매집하기 좋은 시가총액(1,000억 ~3,000억 원)의 주식에서 큰 상승이 나오는 것은 우연이라 보기 어렵다. 오히려 필연적이다.

안 오르는 주식이 없을 정도로 대부분의 주식은 시간이 되고 호재만 갖추면 크게 오른다. 이 과정에서 반드시 이전 흐름 가운데 매집 형태의 급등 모양과 급락 모양을 갖추는 것이 위에 제시한 차트들의 공통점이라 할 수 있다. 그렇기 때문에 주식 초보라 할지라도 세력이 만드는 차트 유형을 몇 개 파악한다면 누구나 급등이 나올 주식을 예측할 수 있게 된다.

필자가 한때 우스갯소리로 주식 가격이 1,000원이면 다 2,000원 간다고 말한 적이 있다. 그런데 정말로 시간이 지나 돌이켜 보니 시가총액 1,000원 대의 적절한 주식들은 결국 큰 상승을 향해 갔다. 그만큼 세력들은 주식 시장에서 한 종목도 가만 두지 않고 매집할 수 있는 주식은 돌아가며 큰 수익을 만들어 낸다. 크게 오르는 주식을 찾고 싶다면 위에서 제시한 조건의 차트를 먼저 선별한 다음 분석에 들어가는 것이 좋다. 급등할 주식을 미리 선별하고 매수할 시기만 잘 잡으면 되기 때문이다.

8장

절대 매수해서는
안 되는 종목

세력의 매집 과정에 대해 이해했다면 이제는 매집이 끝나고 상승 후에 개인들에게 물량을 넘기는 차트를 구별하는 방법을 알아보자. 세력은 어떻게 해야 주가가 높아진 가격에서 자신들 외의 투자자에게 물량을 넘겨주며 빠져나올 수 있을까? 어떻게 해야 많은 주식 물량을 효과적으로 고점에서 팔고 나올 수 있을까?

천천히 매도하면서 나오다가 다른 사람이 먼저 팔고 나오면 어찌겠는가? 또 나오려는데 거래가 잘 안 돼서 계속 낮아진 가격에서 팔게 되면 어찌겠는가? 세력 입장에서는 쉽지 않은 고민이다. 이런 경우 가장 효과적인 방법이 있다. 바로 고점에서 준비한 호재 또는 악재를 터트리는 것이다. 보통은 호재를 터트리면서 물량을 넘기는 방법을 쓰고, 급하게 나와야 할 경우에는 악재를 터트리는 방법을 사용한다.

'뉴스에 팔아라.'는 격언이 있는데, 반은 맞고 반은 틀린 말이다. 세력이 본격적으로 상승을 시작할 때는 항상 명분이 필요하다. 그때 뉴스가 생긴다. 그래서 뉴스 이후로 주가가 더 크게 오를 때가 있다. 반대로 주식이 높아진 가격에서 뉴스가 발생하면 해당 주식은 오히려 뉴스가 나오고 난 뒤에 주가가 더 하락한다. 뉴스 때문에 많은 투자자가 들어오는 틈을 이용해 세력들은 주식을 파는 것이다. 그래서 투자자는 주가의 위치를 볼 줄 알아야 한다.

3개월 이내에 3배 이상 오른 주식

뉴스가 생겼을 때 사도 되는 자리, 사면 안 되는 자리를 구분하는 방법은 매우 간단하다. 차트를 볼 때 급등을 시작한 순간부터 3개월 이내에 3배 이상 올랐다면 오를 때 사는 것은 위험하다. (그 이상이면 더욱 위험해진다.)

시가총액이 매집하기 좋은 조건이라면 매집 후 목표 가격을 3배 이상 올리는 경우가 통상적이다. 그러니 세력이 차익 실현을 충분히 할 수 있는 위치에서 매수하는 것은 매우 위험한 상황이 된다. 자칫 고점에서 하락이 이어질 경우 짧게는 3개월, 길게는 수년 동안 주식을 강제로 들고 가야 할 수도 있기 때문이다.

대부분의 투자자는 주가가 단번에 크게 오른 주식에 매력을 느끼고 투자를 한다. 세력이 어디서 차익 실현을 할지 생각하지 않은 채 뉴스와 동반하여 크게 오르는 주식에 투자를 하는 것이다. 물론 단기간에 3배가 상승했다 해도 그 이상 오를 가능성도 있다. 그래서 운이 좋은 경우 그 위치에서 더 크게 수익을 얻기도 한다. 그럴 때는 해당 섹터에 돈이 계속 투입될 명분과 호재가 있는지 주식 시장의 상황을 종합하여 판단해야 한다.

그러나 이런 상황은 경력이 오래된 주식 고수도 예측하기 어렵다. 영업이익 수치가 정확한 것도 아니고 오직 호재만으로 상승하는 주식의 목표 가격을 알아내는 일은 무척 힘들기 때문이다. 주식 시장 상황이 받쳐 주지 않고 투자자들이 매도 심리로 돌아설 때는 더욱 더 여러 변수로 인해 주가 상승을 예상하기 어렵다.

그래서 필자는 가장 합리적으로 판단할 수 있는 기준을 정했다. 주가가 단기간에 3배 이상 올랐다면 고점에서 매수하지 말고, 최소로 눌릴 때 매수하는 방법을 선택하거나, 또는 장기 하락 추세로 전환했을 때 진입해야 한다는 것이다. 그렇지 않다면 위험 요소로 인해 주식 매매를 잘 하다가도 단번에 큰 손실을 보는 경우가 생기게 된다.

주가가 3배 이상 오른 뒤 1년 동안 내려가는 경우. 이런 경우는 꽤 많다.

세력은 무조건 고점에서 주식을 투자자들에게 넘기고 차익을 실현하기 때문에 높게 올랐다고 판단이 들면 사지 않아야 한다. 특히 주식 시장에서 떠들썩한 유명 주식일수록 그런 위험 요소가 크다. 하루아침에 투자 방향이 바뀌어 장기 하락하는 경우도 꽤 많으므로 주의해야 한다.

장기 추세 하락 종목

3배 이상 오른 주식과 더불어 사지 말아야 할 주식은 장기 추세 하락 종목이다. 거래량이 발생하면서 급등하는 종목도 나오는데 끊임없이 계속 하락하는 종목이 간혹 있다. 이런 주식을 차트만 보고 싸다고 판단하여 매수하는 일이 간간히 생긴다. 주식 투자에서 가장 무서운 점은 바로 한순간에 모든 투자금이 사라질 수 있다는 것이다.

장기 추세 하락은 여러 투자자가 계속 이탈하기 때문에 발생하는 것이다. 이런 하락은 바닥을 가늠할 수 없다. 그렇기 때문에 기본적으로 2년 이상 적자인 기업은 피하고 3년 이상 계속 하락하는 차트는 피해야 한다.

그런데 하락할 때 거래량이 터지면서 반복적으로 급등하는 차트가 있다. 상식적으로 생각하면 거래량이 터지면서 급등한다는 것은 호재가 있는 것이다. 그런데도 밑으로 계속 떨어지는 하락이라면 호재를 띄우고 세력이 주식을 넘기고 도망치는 것이라 해석할 수 있다.

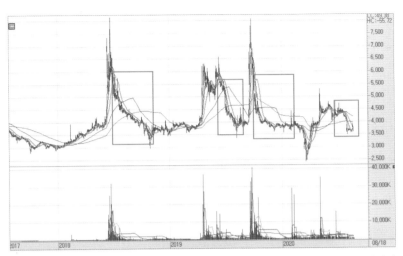

거래량을 동반한 상승이 반복됐는데도 주가가 빠른 속도로 주저앉는다. 더불어 영업이익 3년 연속 적자 중이다. 이런 경우는 매집이 아니라 세력이 도망가는 차트이다.

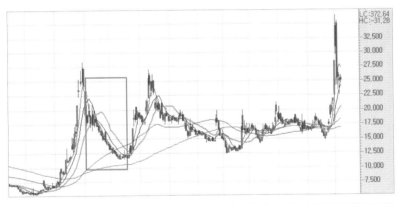

한 번쯤은 주식 시장의 상황과 여러 변수에 의해 가파른 하락이 나올 수 있다. 그러나 두 번 반복되는 것은 문제가 분명히 있다.

특히 주의해야 할 점은 급등한 후 떨어지는 속도가 급등하는 속도와 비례하는 경우가 반복되는 것이다. 그건 세력이 급하게 도망가는 차트로 이해할 수 있다. 급락이 한 번쯤은 발생할 수 있지만 반복해서 나오는 경우는 누군가 빠르게 매도하고 나가는 것을 의미한다. 쉽게 말해 매수 방어가 전혀 안 붙는다는 것이다.

이런 회사들은 주식 시장에서 가장 안 좋은 '상장 폐지'라는 악재 대상이 될 수 있음을 명심해야 한다. 기업 매출이 좋지 않은 회사가 극적으로 소생하여 주가 가치가 높게 평가되는 일이 간혹 있는데, 주식 시장이 주는 특이한 유혹이다.

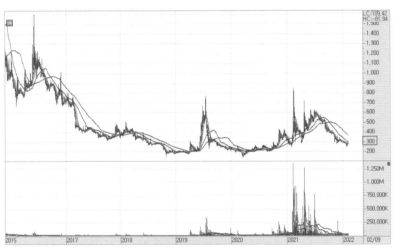

백신 관련 이슈로 바닥에서 주가를 올렸지만 결국 제자리로 왔다. 주당 가격은 300원이고 매년 적자를 기록 중이다.

매출이 없는 회사인데 앞으로 매출이 늘어날 것이란 기대감으로 회사가 성장할 것으로 추정한 경우이다. 주식 시장에서 영업이익을 잘 내는 회사가 전년도보다 조금 더 돈을 벌었다고 해서 주가가 다이 내믹하게 오르지는 않는다. 오히려 주식 시장에서는 영업이익을 못 내고 만년 적자였는데 실적이 좋아져 '흑자전환'된 회사가 더 주목받는다. 하지만 이것을 빌미로 회사가 주가를 올리고 투자자들에게 모든 주식을 떠넘기다가 주식 시장에서 퇴출되는 경우도 간혹 있다. 투자자들은 무엇보다 경각심을 가지고 장기 추세 하락과 영업이익 2년 이상 적자 기업은 반드시 피해야 한다.

기업실적분석										더보기 ›
	최근 연간 실적				최근 분기 실적					
주요재무정보	2018.12	2019.12	2020.12	2021.12(E)	2020.09	2020.12	2021.03	2021.06	2021.09	2021.12(E)
	IFRS 별도	IFRS 별도	IFRS 별도	IFRS 별도	IFRS 별도	IFRS 별도	IFRS 별도	IFRS 별도	IFRS 별도	IFRS 별도
매출액(억원)	236	285	814		237	194	193	120	105	
영업이익(억원)	-108	-171	255		87	75	33	-28	-58	
당기순이익(억원)	-126	-171	261		82	89	30	-26	-62	
영업이익률(%)	-45.67	-60.04	31.34		36.67	38.36	16.98	-23.46	-55.12	
순이익률(%)	-53.32	-59.91	32.06		34.82	45.58	15.45	-21.70	-58.79	
ROE(%)	-52.20	-60.09	49.93		80.57	49.93	43.04	30.23	5.13	
부채비율(%)	57.57	91.20	42.22		66.82	42.22	44.33	41.40	76.83	
당좌비율(%)	491.30	478.25	534.38		544.30	534.38	529.09	572.13	264.90	
유보율(%)	51.87	159.93	356.41		265.55	356.41	376.90	367.30	329.19	
EPS(원)	-530	-698	905		286	307	103	-90	-214	
PER(배)	-13.77	-10.78	10.80		11.02	10.80	15.68	19.89	130.57	
BPS(원)	791	1,341	2,328		1,976	2,328	2,443	2,375	2,187	
PBR(배)	9.23	5.61	4.20		4.37	4.20	5.42	5.07	6.31	
주당배당금(원)										
시가배당률(%)										
배당성향(%)										

종목 이름을 검색하면 보는 바와 같이 기업의 매출 상황과 현금 흐름을 확인할 수 있다.

영업이익을 간단하게 살펴보려면 네이버에서 종목 이름을 검색해 보면 된다. 종목 이름만 검색해도 회사의 연매출 상황과 분기 실적을 확인할 수 있다. 위에서 보는 바와 같이 적자는 빨간색으로 마이너스 표시가 된다. 이 부분을 체크해서 회사 매출이 꾸준한지, 부채비율을 통해 회사의 현금 흐름이 건전한지를 살펴봐야 한다.

위의 경우를 보면 적자 상태이다가 2020년에 흑자로 크게 전환한 것을 알 수 있다. 더불어 부채비율도 잠시 높아졌다가 회사 매출을 통해 다시 낮아졌다. 이런 경우 긍정적으로 회사를 평가할 수 있고 여러모로 안정화되고 있다고 볼 수 있다.

부채비율은 200%가 넘지 않아야 건전한 재무 상태를 유지한다고 볼 수 있다. 이 부분은 대략적으로 체크하는 것이기 때문에 필요하다면 별도로 공부를 하는 것이 좋다.

투자에서 제일 중요한 것은 원금을 지키는 것이다. 공격적인 투자로 수익률을 극대화하는 것도 의미 있지만 주식을 오래 한 사람일수록 원금을 지키는 것이 곧 수익으로 전환된다는 개념을 갖고 있다. 그러므로 주식 시장에서는 보수적으로, 리스크를 최대한 배제한 채로 매매하는 것이 중요하다는 것을 다시 한 번 강조한다.

좋지 않은 차트 유형의 예시

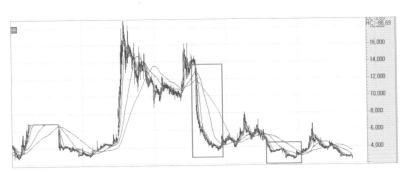

주가가 급속도로 내리고 이후로 수급을 줬는데도 추가 이탈한다.

기업실적분석										더보기 ·
주요재무정보	**최근 연간 실적**				**최근 분기 실적**					
	2018.12	2019.12	2020.12	2021.12(E)	2020.09	2020.12	2021.03	2021.06	2021.09	2021.12(E)
	IFRS 연결	IFRS 연결	IFRS 연결	IFRS 연결	IFRS 연결	IFRS 연결	IFRS 연결	IFRS 연결	IFRS 연결	IFRS 연결
매출액(억원)	98	52	30		5	11	7	32	28	
영업이익(억원)	-157	-100	-55		-6	-18	-18	-19	-7	
당기순이익(억원)	-295	-194	-94		-7	-52	-40	4	9	
영업이익률(%)	-159.47	-193.30	-185.71		-112.67	-160.23	-248.53	-59.85	-23.84	
순이익률(%)	-300.40	-375.81	-319.84		-134.64	-454.44	-555.48	12.42	32.20	
ROE(%)	-76.10	-70.15	-48.77		-43.17	-48.77	-62.24	-71.20	-45.61	
부채비율(%)	114.30	260.18	227.27		135.94	227.27	661.94	522.11	565.56	
당좌비율(%)	28.59	16.79	10.88		5.53	10.88	62.41	53.08	44.12	
유보율(%)	39.19	-13.67	-53.73		-21.79	-53.73	-72.24	-74.77	-73.71	
EPS(원)	-1,957	-989	-467		-35	-257	-198	6	12	
PER(배)	-1.56	-1.83	-2.42		-1.94	-2.42	-1.92	-3.93	-6.76	
BPS(원)	1,813	1,187	738		1,201	738	517	155	138	
PBR(배)	1.69	1.53	1.53		0.93	1.52	2.17	7.27	8.17	
주당배당금(원)										
시가배당률(%)										
배당성향(%)										

연속 적자 기업으로 현재는 거래 정지, 상장 폐지 심사 중이다.

10,000원대 주식이 6개월 만에 140,000원이 된 이후 주가는 내려오고 거래 정지가 됐다.

기업실적분석										더보기 ›
	최근 연간 실적				최근 분기 실적					
주요재무정보	2018.12	2019.12	2020.12	2021.12(E)	2020.09	2020.12	2021.03	2021.06	2021.09	2021.12(E)
	IFRS 연결	IFRS 연결	IFRS 연결	IFRS 연결	IFRS 연결	IFRS 연결	IFRS 연결	IFRS 연결	IFRS 연결	IFRS 연결
매출액(억원)	77	91	17		1	8	2	-	-	
영업이익(억원)	-590	-585	-342		-81	-39	-42	-44	-46	
당기순이익(억원)	-562	-1,132	-478		-146	-47	-48	16	-51	
영업이익률(%)	-765.60	-645.00	-2,048.86		-5,630.14	-491.24	-1,790.26	-203,527.19	-1,955,335.88	
순이익률(%)	-729.20	-1,248.27	-2,864.25		-10,182.34	-594.26	-2,083.47	75,748.53	-2,161,309.25	
ROE(%)	-30.64	-100.14	-114.04		-86.88	-114.04	-116.64	-70.14	-18.41	
부채비율(%)	17.02	14.35	107.27		135.43	107.27	106.86	104.99	22.44	
당좌비율(%)	293.37	314.18	318.27		330.84	318.27	285.20	140.42	546.76	
유보율(%)	335.54	26.60	-80.81		-67.57	-80.81	-94.32	-89.80	87.25	
EPS(원)	-812	-1,600	-668		-204	-66	-68	23	-55	
PER(배)	-90.53	-9.09	-18.11		-15.79	-18.11	-20.58	-38.45	-71.23	
BPS(원)	2,365	859	320		365	320	313	324	1,123	
PBR(배)	31.08	16.93	37.84		33.19	37.84	38.64	37.30	10.78	
주당배당금(원)		-	-							
시가배당률(%)		-	-							
배당성향(%)	-	-	-							

바이오 기업의 특성상 매출이 없을 수도 있지만 현금 흐름이 점점 악화되었다.

와조스키 칼럼 4

10년간 모은 돈을 1년 만에 잃다

한 개인 투자자가 필자에게 자신의 상황을 하소연한 적이 있다. 자신이 10년간 회사 다니며 모은 돈 1억 원을 1년 만에 투자로 모두 잃었다는 것이다. 그뿐 아니라 신용대출까지 포함하여 오히려 빚을 지게 된 상황이라고 하였다.

그의 투자 스토리는 매우 비극적이다. 근로소득을 통해 돈을 모으는 것은 매우 어렵지만 주식으로 돈을 날리는 것은 순식간이다.

대부분의 투자자는 주식을 시작하게 된 계기가 비슷하다. 주식 투자를 통해 누군가 돈을 쉽게 벌었다는 소문을 들었기 때문이다. 평생 살면서 돈 벌기 쉽지 않다는 것을 알지만 실제로 누군가 주식으로 돈을 벌었다는 이야기를 들으면 자신도 돈을 벌 수 있을 것 같은 막연한 자신감이 생긴다. 이는 과감한 투자로 이어지고, 우연히 큰돈을 벌기도 하지만 반대로 큰 손실을 입기도 한다. 운이 항상 작용할 수는 없는 법이다. 대부분의 투자자는 준비되지 않은 채로 매매에 임했다가 손실을 입고 주식 시장에서 퇴장하는 경우가 많다.

주식으로 인해 큰 손실을 입은 투자자에게 필자가 해 줄 수 있는 말은 이것뿐이다.

"실패를 돌아보고 두 번 다시 실수를 반복하지 않도록 하라."

10년간 모은 돈을 한순간에 날린 투자자에게는 어떤 위로도 통하지 않는다. 그만큼 주식 시장은 무서운 곳임을 항상 기억해야 한다. 멀쩡한 사람도 바보 만드는 곳이 주식 시장이며, 성공했다고 생각했을 때 무너지는 곳이 주식 시장이다.

주식 시장에서 잃은 1억 원이란 돈은 한순간에 복구할 수 있는 금액이 아니다. 복구하기 위해서는 투자금이 필요하기 때문이다. 그래서 대부분 복구를 위한 투자금을 늘리기 위해 대출을 받는다. 여기서 냉정하게 그동안 자신이 돈을 잃은 이유를 되짚어 볼 필요가 있다. 주식 시장에서 한 번 돈을 잃은 사람은 또 잃을 가능성이 매우 높다.

반대로 주식 시장은 주식으로 돈을 벌어 본 사람만이 돈을 벌 수 있는 곳이다. 꾸준하게 제대로 된 수익을 내 본 적이 없다면 그 사람은 다시 도전해도 결과는 같을 것이다. 그래서 손실을 본 사람에게는 다음과 같은 말밖에 할 수 없다.

"제대로 공부하고 다시 도전하라."

그렇게 공부하고 다시 도전할 자신이 없다면 잃은 돈은 도둑맞았다고 생각하고 주식 시장을 떠나라고 당부한다.

주식 시장에서 수익을 내기 위해서는 기존에 실패했던 방법과 반대로 실행해야 한다. 대부분의 투자자가 빠르게 원금을 잃는 이유는 급등주에서 매매하기 때문이다. 급등주는 빠른 변동성을 보이며 투자자들을 유혹한다. 매수하여 순간 10% 수익을 볼 수도 있지만 반대로 -10% 손실을 볼 수도 있다.

수익을 보는 건 어렵지만 손실은 금방이다. 손실이 난 계좌를 보면 누구나 조급해진다. 조급함은 또 다시 급등주 매매를 하게 하고, 될 대로 되라는 식의 도박성 매매로 이어지게 된다. 더 이상 투자가 아닌 셈이다. 이런 과정에서 벗어나지 않은 채 주식 시장에서 잃은 돈을 찾을 수 있을까? 불가능하다.

주식 시장에서 손실을 보았다면 그동안 해 오던 대로 해서는 안 된다. 방법을 바꿔야 한다. 예를 들어 오전에만 매매를 했는데 손실을 보았다면 오전이 아닌 오후에 매매를 해야 한다. 늘 하던 방식대로 매수의 유혹이 있더라도 참아야 한다. 왜냐하면 그동안 그런 식으로 해서 나온 결과가 지금이기 때문이다.

급등주에서 손실을 봤다면 이제는 급등주가 아닌 자리에서 매수를 해야 한다. 소형주에서 손실을 봤다면 이제는 우량주에서 매매를 해야 한다. 이처럼 자신의 습관을 180도 바꿀 준비가 되지 않았다면 결과는 달라지지 않는다. 계속 운 탓을 하고 주식 시장을 탓한다고 해서 바뀌는 건 절대 없다.

"주식 투자는 주식 시장과의 싸움이 아닌 나 자신과의 싸움이다."

주식 시장은 거대한 자연과 같다. 어디로 흘러갈지 흐름을 예측하기 어렵고, 투자자가 자연의 흐름을 막을 수도 없다. 그렇기 때문에 개인 투자자를 '개미'라 부르는 것이다. 개미라면 개미답게 주식 시장을 봐야 한다. 이기려고 애쓰는 것이 아니라 주식 시장에 맞춰서 매매를 해야 한다는 말이다. 자연을 100% 예측할 수는 없지만 어느 정도의 흐름은 예측할 수 있다. 봄이 가면 여름이 오듯 주식 시장 역시 상승장이 오면 하락장이 오는 법이다.

급등주만 쫓는 좁은 시야에서 벗어나 주식 시장을 큰 틀로 바라보기도 하고 그에 비춰 자신의 과거를 돌아보기도 해야 한다. 끊임없는 연구와 도전이 반복되어야 하고 그 가운데 주식 시장에 대한 겸손한 마음가짐을 늘 가져야 한다. 주식 시장에 대해 화를 내도 소용없다. 손실을 냈다고 화내며 덤벼 봤자 본인만 더 다치기 때문이다. 실패하는 습관을 당장 뜯어 고칠 생각이 없다면 결과는 언제나 같을 거라고 생각해야 한다.

필자는 손실 때문에 고민하는 사람들이 자신의 모습을 돌이켜 보고 다시 일어서길 바란다. 실패를 교훈 삼아 성장하는 사람이 더 단단해지는 법이다. 반면에 실패 없이 성공한 사람은 한순간에 무너진다. 1억 원의 손실은 물론 크지만 주식 시장에서는 그보다 더 큰 손실을 입고도 다시 일어서서 성공한 사람도 분명 있다. 큰 수업료를 지불했지만 그만큼 반성하고 공부하며 겸손한 자세로 천천히 나아가다 보면 분명 좋은 결과가 있을 것이다.

하지만 여전히 주식 시장에 대해 공격적인 자세로 그동안의 습관을 버리지 않고 급등주만 쫓아간다면 결과는 같을 것이다. 오늘도 주식 시장에서 수많은 투자자가 손실을 보고 있다. 투자를 하다 보면 손실은 있을 수 있다. 중요한 건 반복되는 손실에서 자신이 변화했는가이다. 손실을 반성하며 자신을 돌아보고 실수를 반복하지 않으려는 투자자라면 결국 성공할 것이다. 여러분은 감정을 내세우기보다 자신을 돌아보고 잘못된 습관을 고치는 매매를 하길 바란다. 주식 시장은 겁 없는 투자자의 돈을 즉각 삼키는 곳이기 때문에 그렇다.

9장

세력이 만드는 대시세를 향한 출발 신호

세력이 매집을 마친 뒤 본격적으로 상승시킬 때는 몇 가지 공통된 패턴이 있다. 그 패턴에 대해 알아보도록 하자.

갭 상승 '공중부양'

세력이 주가를 상승시키려면 결국 저항 매물들을 돌파해야 한다는 한계가 있다. 차트를 보면 저항대에는 항상 거래량이 발생하므로 그를 뚫으려면 확실한 상승이 필요하다. 장 중에 그런 움직임을 보여주면 신고가가 형성되기 때문에 이를 노리고 단타 물량들이 또 들어오게 된다. 그래서 저항 돌파는 세력들이 항상 고심하고 고민하는 영역이다.

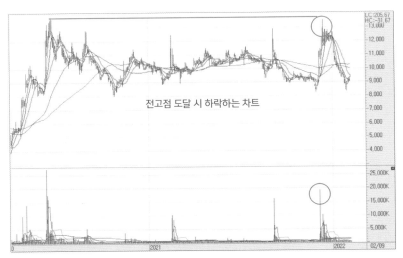

전고점 도달 시 하락하는 차트

저항 영역대는 신고가 직전이기 때문에 많은 투자자가 관심을 갖는다.

위의 차트를 보면 저항 부근을 돌파하려 할 때 많은 거래량이 발생한다. 이 거래량 중에는 단타 매물도 많이 섞여 있다. 그래서 세력이 이 부근에서 주가를 올리기 위해서는 비용을 더 많이 지출할 수밖에 없다. 세력은 이런 상황에서 비용을 줄이기 위해 효율적인 방법을 사용한다. 바로 시초가 갭 상승[5]으로 가격을 크게 띄운 뒤 빠르게 상승하는 전략이다. 갭을 확실하게 띄워서 빠르게 목표가에 도달하고 상승 움직임으로 전개하는 것이다.

이런 갭 상승은 강한 호재와 더불어 나오기 때문에 세력 입장에서는 이렇게 띄운 상황이라면 빠르게 상승 전개를 시킬 수밖에 없다.

---

5 당일 주식의 시작 가격이 전날 고가 위에서 시작하는 것

시초가를 띄우는 것은 상대적으로 쉽다. 시초가에는 변동성이 심해서 투자자들이 섣불리 매매하지 않기 때문이다. 호재를 동반해도 시초가를 띄우고 주가가 주저앉은 일은 흔하게 벌어진다.

갭을 띄우고 시작하면 막상 오르지 못하는 경우가 꽤 많다.

시초가는 매우 민감한 영역이다. 세력들은 투자자들의 심리를 이용해서 적은 비용으로 시초가를 크게 띄우는 방법을 사용한다. 시초가를 띄운 만큼 '종가'까지 가격이 허무하게 밀리지 않도록 가격을 유지해 준다. 기껏 시초가를 띄우고 다시 밀린다면 헛수고를 한 상황이 되기 때문이다. 그래서 차트에는 공중에 떠 있는 일봉 모양이 완성된다. 필자는 이를 '공중부양'이라 말하는데, 이런 차트는 강한 호재와 더불어 인위적인 주가 관리가 있어야만 만들어진다.

시초가를 띄워서 주가를 올리기 더 수월하게 만든 차트. 너무 많은 투자자가 주목하면 이런 식으로 주가를 올리는 편이 효율적이다.

위의 차트와 같이 주가가 오른 경우는 세력이 상승을 위한 시동을 걸었다고 보면 된다. 여기서 상승에 실패하고 못 오르는 경우도 예외적으로 존재하는데, 갭 상승을 한 당일에 '저가' 기준 아래로 다음 날부터 하락할 경우 주가는 위로 못 간다고 봐야 한다.

압박형 롱바디 출현 후 다음 날 돌파 롱바디 양봉

주식 차트에서 투자자들이 가장 압박을 느끼는 차트 모양은 바로 '롱바디 음봉'이다. 보통 롱바디 음봉이 차트에서 출현하는 경우는 2가지 상황을 암시한다. 하나는 악재 발생, 또 하나는 주식 시장 폭락이다. 여러모로 좋지 않은 흐름으로 전개되는 경우가 많고 실제로도 그렇다.

통상적으로 이렇게 롱바디 음봉이 등장하면 다음 날 주가 하락으로 이어지는 경우가 꽤 많다. 그런데 오히려 롱바디 양봉으로 상승한다면 어떤가? 세력은 영리하게 음봉으로 마감하기 전에 시초 가격의 갭을 높이 띄워 실제로 주가는 많이 하락하지 않은 효과를 가져온다. 보기에는 롱바디 음봉이지만 갭을 높이 띄운 상태라서 전날 가격 대비 큰 차이는 아니라는 말이다.

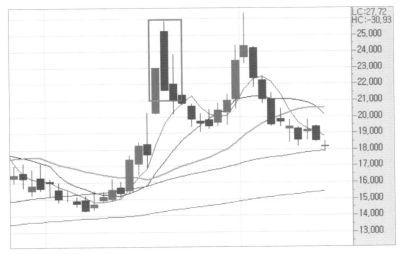

롱바디 음봉의 출현 이후 차트의 일반적인 흐름

위의 차트를 보면 롱바디 음봉이 보인다. 저런 봉이 등장하면 투자 심리에 악영향을 끼친다. 실제로 고점에서 매물대가 쌓인 형태이기 때문에 주가가 상승하는 데 제동이 걸린다.

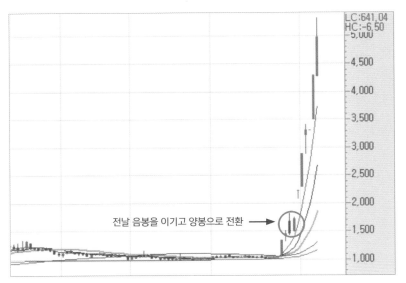

전날 음봉을 이기고 양봉으로 전환 →

LC:641,04
HC:-6,50

롱바디 음봉 출현 후 다음 날 곧바로 롱바디 양봉으로 오르는 모습

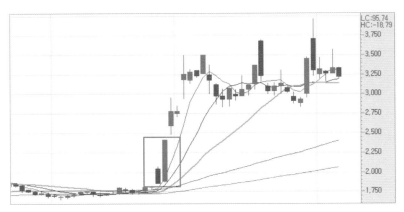

LC:95,74
HC:-18,79

롱바디 음봉 출현 후 다음 날 곧바로 롱바디 양봉으로 오르는 모습

위의 차트는 롱바디 음봉 출현 후 다음 날 롱바디 양봉으로 오르는 모습이다. 보통의 상황에서는 이런 모습이 잘 나오지 않는다. 전날 그렇게 크게 밀릴 것이었다면 다음 날 왜 오르는가? 세력이 의도적으로 음봉을 만들어 심리적 압박을 가하는 것이다. 실제로 투자자들은 음봉 이후 조정을 많이 받는다는 것을 안다.

롱바디 음봉이긴 하지만 동시에 5일선 위로 추세를 지켜 주는 것을 볼 수 있다. 갭 상승 롱바디 음봉은 추세를 살리는 특징이 있다. 쉽게 말해 긴 음봉이지만 갭을 높이 띄웠기 때문에 보기에만 음봉이지 가격 면으로 볼 때는 크게 하락한 것이 아니라는 말이다.

매집이 끝나고 상승 출발하여 롱바디 음봉 후 다음 날 롱바디 양봉으로 전날 고점까지 모두 회복할 경우 해당 차트의 전날 음봉은 속임수였다는 것을 알 수 있다. 그렇기 때문에 이후에 상승 움직임의 전개로 흘러갈 것이라고 예측해도 된다.

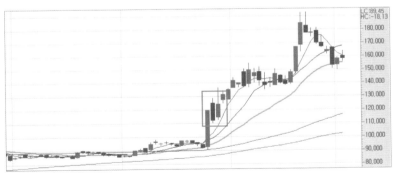

음봉 다음 날 롱바디 양봉 출현 후 주가가 지속적으로 상승하는 모습

보통의 경우 갭 상승 롱바디 음봉이 발생하면 음봉이 뜬 당일에 매수하여 손실을 본 사람이 많다. 갭 상승 후 밀렸기 때문에 당연히 고점에서 매수한 사람이 있는 것이다. 그럼에도 바로 다음 날 손실 중인 사람들의 물량을 삼키면서 상승할 수 있는 힘은 세력밖에 없다. 보통은 전날 손실 중인 사람이 많을수록 다음 날 차트는 오르지 못하는 것이 공통된 특징이기 때문이다.

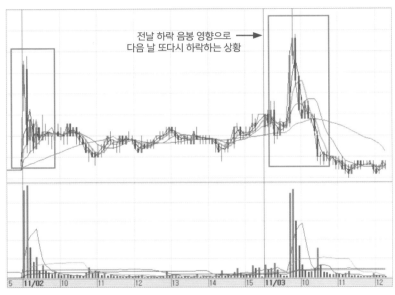

전날 하락 음봉 영향으로
다음 날 또다시 하락하는 상황

왼쪽 네모는 갭 상승한 뒤 내려가는 모습, 오른쪽 네모는 전날 매물대 영향으로 무너진 모습. 전날 하락한 흐름 때문에 다음 날 상승이 힘들다.

　　위 차트를 보면 분봉으로 살펴봤을 때 갭 상승 시점에 많은 투자자가 매수한 것으로 볼 수 있다. 그렇기 때문에 다음 날 전날 매수자들의 영향으로 주가가 오르기 힘든 것이다. 이때 롱바디 양봉을 통해 전날 매물들을 모두 소화하면서 올랐다면 주가를 올리기 위해 작정했다고 볼 수 있다.

조금 더 설명하자면 주식 시장에는 매물대에 따른 통상적인 움직임이 존재한다. 이런 움직임은 우리가 잘 아는 지지선, 저항선 등으로 작용한다. 그런데 이런 일반적인 흐름에서 벗어난 강도가 높은 매수세나 매도세의 움직임은 세력의 자금이 움직인 순간이라 보면 된다. 갭을 높게 띄우는 전략은 세력이 언제나 자주 사용하는 방식임을 잊지 말자.

상한가 후 긴 조정, 그리고 재돌파

상한가는 세력이 매집할 때 물량을 흔들기 위해 사용하는데 상승시킬 때도 간혹 사용한다. 매물이 많이 달라붙기 때문에 상한가는 세력 입장에서 리스크가 있지만 급하게 가야 할 시점에 가격을 높게 올리고 깊게 누르기 위한 전략으로 상한가 상승을 선택할 때가 있다.

상한가가 발생하면 투자자들의 이목이 집중된다. 이는 투자 심리를 자극하여 여러 투자자가 해당 주식을 매수하게 된다. 세력 입장에서는 이들이 다시 주식을 내놓도록 유도해야 한다. 그럴 때 상한가가 언제 갔나 싶을 정도로 주식을 밀어내는 방법을 사용한다.

상한가를 발생시킨 뒤에 일부러 투자자들이 손해로 접어들게 만든 다음 주가를 올리는 전략을 사용한다. 상한가가 발생하면 많은 투자자가 들어오게 되는데, 이후에 깊게 눌린 뒤 다시 오르면 본전에서 매도하기 바빠서 해당 종목에 재투자할 생각을 하지 않는다. 그런 심리를 이용해서 상한가로 기대감을 준 뒤에 주가 급락으로 공포감을 만들면, 이후에 다시 주가를 올려도 해당 주식에 손대기 어렵게 만든다. 한 번 급락을 경험한 투자자는 주식을 다시 사고 싶은 마음이 안 들기 때문이다.

세력도 작전을 성공시키기 위해 투자자들의 심리를 연구한다. 우리가 세력주에 관해 공부하는 것처럼 세력도 투자에 잔뼈가 굵은 '베테랑'들로 구성되어 있기 때문에 단순히 자본의 힘으로만 주가를 올리는 것이 아니다. 투자자들이 어떻게 하면 나가는지를 잘 아는 전문가라고 생각하면 된다. 그러니 개인 투자자가 급등하는 세력주에 편승해서 수익을 쉽게 낼 수 없는 것이다.

상한가 이후 호재가 아닌 척하기 위해 주가를 의도적으로 큰 폭 하락시킨다.

상한가를 만들어 낸 뒤에 크게 주가를 하락시킨 뒤 다시 상승하는 모습을 본다면 세력의 속임수라는 것을 알 필요가 있다.

이 장에서 상승 신호를 통해 매수를 노리는 방법에 대해 알려 줄 수도 있지만 필자는 여러분이 이 장을 단순 참고용으로만 이해했으면 한다. 이유는 간단하다. 세력이 상승시키는 신호를 본다고 해도 막상 그 안으로 들어가면 세력이 크게 또는 작게 흔들면서 매수한 투자자들을 괴롭히기 때문이다. 그럼에도 필자가 상승 신호를 말한 이유는 우리가 바닥에서 주식을 매수했을 때 이런 신호가 나오면 더 들고 가도 된다는 것을 알려 주기 위해서이다.

이후에 매수 방법에 대해서도 공부하겠지만 우리가 매수하는 자리는 위와 같이 변동성이 강하고 위험천만한 자리가 결코 아니다. 우리는 신호가 나오기 전에 세력과 함께 매집하는 자리에서 싸게 주식을 매입하는 것이 목적이다. 우리가 주식을 싸게 매수한 뒤 위와 같은 차트 신호가 만들어졌을 경우 주가가 오른다는 전제로 주식을 들고 가 볼 수 있는 것이다. 그런 부분에서 매우 유의미한 설명이라 할 수 있다.

중요한 점은 이런 신호가 나올 때 해당 주식이 이전까지 큰 상승이 없는 상태에서 보합 움직임을 유지해야 한다는 것이다. 위의 상승 신호를 아무 곳에 적용하는 것이 아니라 주가가 보합을 유지하다가 박스권을 뚫는 시점에 적용해야 한다.

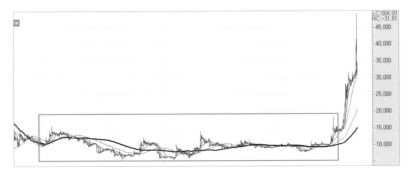

신호가 나올 때 위와 같이 보합권을 유지해야 한다.

　　최소 1~2년 정도의 보합 움직임이 있어야 오를 때 크게 오르는 법
이다. 이유는 1~2년이란 시간 동안 주식 시장에서 소외시킨 뒤 사람
들의 기억에서 잊힐 때 주가를 올리는 것이 세력에게 매우 유리하기
때문이다. 모든 세력주가 이렇게 오르는 것은 아니다. 하지만 좋은
차트의 기준을 알게 되면 결국 오르는 주식을 찾아낼 수 있는 확실한
기준이 생겼다고 볼 수 있다.

10장

세력의 매집 종목
검색식 만들기

지금까지 배운 내용을 잘 이해했다면 검색식으로 쉽게 구현할 수 있다. 검색식이란 수천 개의 종목 중에서 내가 원하는 조건의 종목을 찾아내 주는 기능이다. 조건식을 만들어 다양한 패턴의 차트 조건을 불러올 수 있고 이를 사용하여 시스템 트레이딩으로 자동매매를 구현하는 사람들도 있다.

막상 이론을 배우고도 어떤 종목을 어떻게 찾아야 할지 모르는 경우가 많기 때문에 검색식 설정법을 통해 보다 쉽게 세력주 공략을 해보도록 하겠다.

이 장에서 나오는 검색식은 키움증권의 '영웅문' HTS 프로그램을 기준으로 설명하겠다. 만약 다른 증권사 HTS를 사용한다면 해당 증권사에 조건식을 물어보고 설정하면 된다.

1 │ 시가총액 1,000억 이상 설정

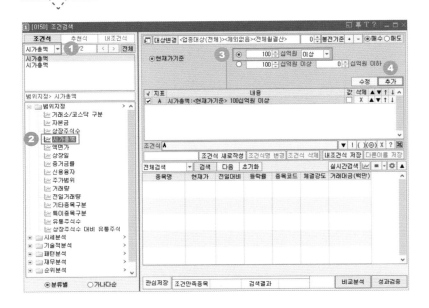

① 검색식을 불러 온 뒤 좌측 상단에 '시가총액' 입력

② 아래 나온 결과에서 범위지정>시가총액 클릭

③ '100', 십억 원 '이상' 선택

④ '추가' 버튼 클릭

2 | 당일 20% 이상 급등

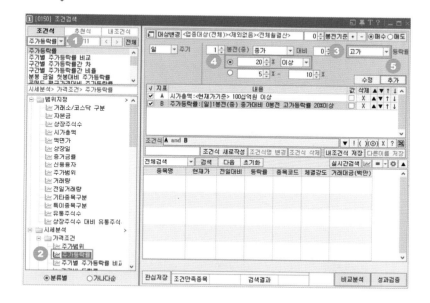

1 좌측 상단에 '주가등락률' 검색

2 아래 결과에서 '주가등락률' 클릭

3 '종가'를 '고가'로 변경

4 '20% 이상' 입력

5 '추가' 버튼 클릭

3 | 전날 대비 거래량 700% 발생

① '거래량비율' 검색. 그중 거래량비율(n봉) 클릭

② 아래 결과에서 '거래량비율(n봉)' 선택

③ '700% 이상' 입력

④ '추가' 버튼 클릭

4 | 정배열 아닌 종목 찾기

정배열이란 이동평균선이 낮은 숫자부터 높은 숫자로 배열된 것을 말한다. 정배열은 이미 급등을 많이 해 버린 차트에서 만들어진다. 즉 검색식은 급등하기 전의 종목을 찾는 것이므로 정배열 차트는 배제해야 한다. 그래서 정배열이 성립되지 않는 조건을 넣는 것이다.

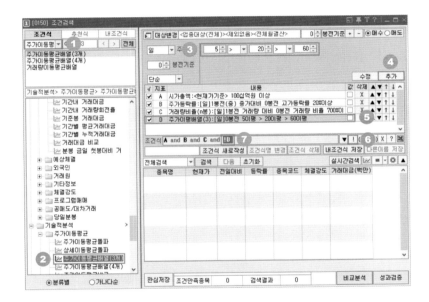

① '주가이동평균배열' 검색

② 아래 검색 결과에서 '주가이동평균배열(3개)' 선택

③ '5 > 20 > 60'으로 설정

④ '추가' 버튼 클릭

⑤ 순서대로 진행했다면 네 번째 입력된 'D값'을 드래그하여 선택

⑥ 우측에 '!' 클릭

⑦ D 왼쪽에 !D가 입력됨(이건 Not 명령)

이렇게 해서 만들어진 검색식을 '내 조건식 저장'을 눌러서 완료하면 된다.

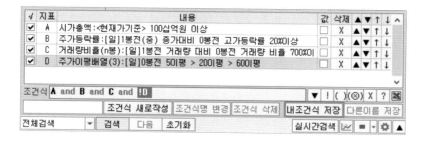

검색식을 사용하는 방법은 조건에 나온 종목을 바로 매수하기 위해서가 아니다. 조건에 나온 종목을 세력 매집 신호로 포착하여 관심 종목에 등록한 후 원하는 매수 시점이 될 때까지 관리해야 한다. 매일 종목들이 뜨기 때문에 꾸준하게 종목을 모은다면 자신만의 세력주 리스트가 만들어진다.

11장

세력주 가치투자 매수법을 알면 백전백승

필자의 투자 철학은 이것이다.

"세력주는 반드시 간다."

세력이 매집했고 아직 제대로 상승을 주지 않았다면 결국 세력주는 오르게 되어 있다. 그래서 어떤 종목이 세력주인지 알고 큰 상승이 나온 적 없이 매집만 하는 것을 포착했다면 수익을 쉽게 얻을 수 있다.

이 관점에서 주가가 장기간 '보합'권에 머무는 종목을 찾을 필요가 있다. 배운 것을 토대로 본다면 제대로 상승이 나오지 않을 경우 이동평균선 120일선과 주가가 함께 움직이는 것을 알 수 있다. 그래서 지난 3년간 3배 이상 오른 적이 없는 주식을 찾아 매수 대상으로 삼으면 된다.

가격으로 설명하면 1,000원 주식이 3,000원 이상 된 적 없는 차트를 찾으면 된다. (1,000원 주식이 2,000원 오른 것은 괜찮다.) 반복해서 말하지만 세력이 큰 상승을 한 번 만들었던 차트는 반대로 세력이 나와야 하는 흐름으로 전환되기 때문에 추세가 하락으로 꺾이게 된다.

그러니 반드시 이 점을 유의하고 투자해야 한다.

애초에 큰 상승이 없었던 주식을 살 경우 시간이 지나면 세력이 주식을 올려 주는 상황이 만들어진다. 그때 수익을 실현하고 매도하면 되는 것이다. 그럼 3배 이상 오른 적 없는 예시 차트를 보면서 눈으로 익혀 보자.

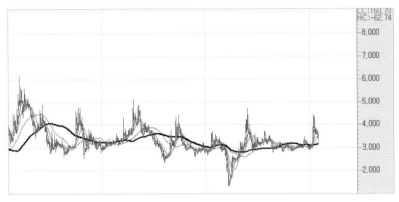

2,500~5,000원에서 움직이는 종목을 찾는다.

이런 종류의 차트가 세력이 제대로 상승시키지 않은 것이라 볼 수 있다. 복잡하게 생각할 것 없이 이런 종류의 차트를 발견하면 투자자는 가격이 낮아질 때 매수를 해 나가면 된다. 가치투자의 기본은 주가가 낮아질 때 매수하는 것이다. 아무리 가치가 좋아도 주식 시장에서 고평가된 것은 의미 없다. 어떠한 안전 자산도 고평가되어 높아진 가격에서 매수하면 안 된다. 그런 실수가 없도록 가격이 낮아진 포지션에서 매수해야 한다. 그렇다면 어떤 상황이 가격이 낮아진 것일까?

최저점 지지선에서 매수하기

어떤 종류의 주식이든 이전에 기록한 최저점이 존재한다. 차트는 최저점 가격을 분석할 수 있도록 정보를 제공해 준다. 해당 주식의 가격이 가장 낮았을 때를 분석하여 해당 지점에 다시 가격이 근접했을 때 매수를 하면 된다. 이것을 지지선 매매라 하는데 지지선의 개념을 세력주에 접목시킨 것이다.

이런 세력주의 특징 분석은 생각 이상으로 적중률이 높다. 보통 지지선 매매가 실패하는 이유는 기업의 매출 영향 또는 큰 상승이 나온 뒤로 떨어질 때는 분석이 맞지 않기 때문이다. 그런데 세력이 매집한 후 관리하는 시점에서는 특수한 경우가 아닌 이상 주식 가격을 너무 밑으로 내리지는 않는다.

아주 기초적인 것이지만 이 관점으로 매수하는 사람들은 극히 드물다. 최저점을 찍는 일이 드물긴 하지만 우리가 수익을 내기 위해 몇 주에서 몇 달간 보유할 주식이라면 이런 타이밍을 기다리고 매수하는 것이 바람직하다.

대부분은 최저점보다 최고점에서 매수를 하는 경향이 있다. 이유는 급등한 시점에서 주가가 빠르게 움직여 수익을 단기간에 줄 수 있다는 기대감 때문이다. 그러나 앞서 반복해서 이야기했듯이 세력이 있는 한 그렇게 쉽게 수익을 얻을 수 없다.

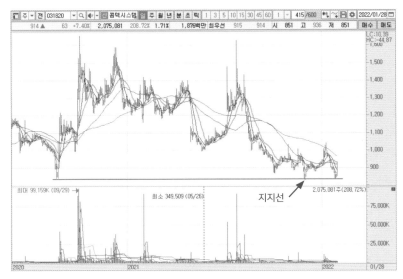

주식의 최저점을 기다렸다가 매수하면 높은 확률로 큰 수익을 낼 수 있다.

　어떤 물건을 살 때 우리는 저렴한 가격에 사고 싶어 한다. 일부러 비싼 물건을 사는 사람은 없다. 주식도 그와 똑같아야 한다. 차트가 이전 가격을 모두 말해 준다. 그렇다면 가격이 저렴해진 상황에서 매수하는 것은 당연한 것 아닌가?

　지지선 매매는 세력이 관리하는 한 쉽게 깨지지 않는다. 오히려 우량주식이 지지선을 이탈하고 내려가는 경우가 더 많다. 이유는 모멘텀 영향과 매출 영향이 주가에 미치기 때문이다.

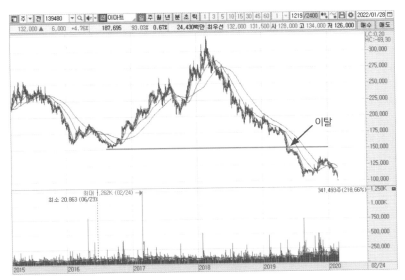

이마트 주가가 허무하게 지지선을 이탈하여 내려갔다.

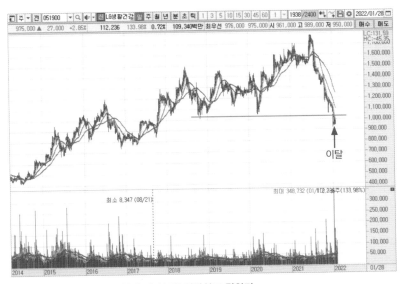

LG생활건강 주가도 너무 쉽게 지지선을 이탈하고 말았다.

지지선 분석 매매를 하게 되면 오히려 세력주 분석이 적중률이 높고 우량주식은 지지선이나 저항선 매매가 잘 통하지 않는다. 그것은 세력이 관리하는 가격 때문이다. 세력이 관리하는 가격은 반등하는 힘이 강하고 특정 위치에 도달했을 때 힘차게 오른다. 이것을 기준으로 매수 위치를 잡으면 최저점에서 싼 가격에 주식을 매입할 수 있고, 그것은 곧 큰 수익으로 연결될 수 있다.

코스닥이 하락할 때 매수하기

코스닥은 하락하는 원인이 여럿 있지만 보통 대외적 원인으로 하락하게 된다. 그때 전체 종목이 주식 시장 흐름에 따라 조정을 받게되고 밑으로 눌리게 된다. 이때 기억해야 할 것은 회사의 가치가 훼손되지 않는 이상 주식의 가격이 무척 저렴해진 상태라는 것이다. 특히 세력주로서 아직 큰 상승이 나오지 않은 경우는 더욱 그렇다. 주식 시장이 하락할 때는 오히려 매수해야 할 시기라는 걸 꼭 기억해야한다.

가치투자자들은 주식 시장 하락을 즐긴다. 이유는 주식을 저렴하게 살 수 있는 기회이기 때문이다. 물론 주식 시장이 하락할 때 매수하면 순식간에 -10%가 될 수도 있다. 그러나 그것은 일시적일 뿐이다. 주식 시장은 반등하게 되고, 특히 회사의 고유 가치가 남아 있는이상 주식 시장에서 주목받아 다시 오르게 되는 상황은 반드시 생기게 된다.

한국 코스닥에서는 대략 3개월에 한 번씩 -7% 정도의 하락이 발생한다. 그러니 통계적으로 가치투자를 할 시기는 3개월에 한 번쯤은 온다고 보면 된다. 급하게 생각할 필요 없이 주식 시장에서 기다리면 수익이 생기게 된다는 말이다.

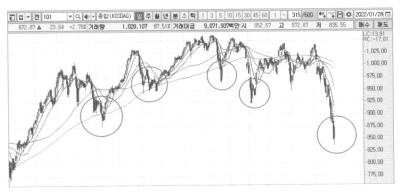

코스닥은 2021년에 단 며칠 만에 -7% 이하의 하락을 자주 반복했다. 이럴 때가 매수 기회이다.

이것을 반대로 해석하면 보통의 경우는 주식 시장이 하락할 때가 아닌 상승할 때 매수해서 도리어 손해를 본다는 의미로 볼 수 있다. 주식 시장이 이렇게 하락할 때는 지지선을 보고 매수해도 되지만 특별한 분석 없이 매수해도 수익으로 전환되는 결과를 얻기도 한다. 도리어 주식 시장이 하락한 영향으로 세력 외의 자금들이 이탈해서 세력이 주가를 올리기 더 수월한 상황이 연출되기도 한다.

정리하면 가치투자를 할 때는 다음 2가지를 반드시 기억해야 한다.

> 첫째, 반드시 지지선 부근에서 매수에 들어갈 것
> 둘째, 주식 시장이 하락으로 꺾이는 주기가 찾아올 때 매수할 것

이 2가지 방법은 너무 쉽지만 사람들이 잘 시도하지 않는 매매 방법이다. 그러나 우리가 싼 가격에 주식을 사려고 애쓴다면 이런 기다림과 매수의 시도는 당연히 좋은 결과를 얻을 것이다.

-5% 하락할 때 매수하기

우리가 보는 매수 지점은 급등주 형태가 아니기 때문에 차트가 크게 변동성 있는 위치는 아니다. 그런 흐름에서 주가가 -5% 하락하면 어떨까? 급등 후 -5% 변동성은 아무것도 아니지만 급등이 없는 상황에서 -5% 하락은 큰 하락으로 볼 수 있다. 주가가 내려가고 주당 가격이 싸졌을 때 매수한다는 전제로 시작한다면 -5% 하락된 종목은 항상 우리가 지켜봐야 할 대상이 된다.

이 하락을 장기 이동평균선인 120일선 아래에서 적용해 보는 것이 좋다. 왜냐하면 120일선 아래에 차트가 존재한다는 것은 꽤 오랜 시간 동안 주가가 밀려서 하락했다는 의미이기 때문이다. 그렇게 하락한 상황에서 추가로 -5% 이하의 하락이 또 나오게 된다면 정말 하락할 만큼 했다고 볼 수 있다.

120일선 밑에서 −5% 이하로 빠진 봉을 네모로 표시했다.

각 증권사마다 순위 분석표를 제시하는데 필자는 거기서 어떤 종목이 내려갔는지 살펴본다. 즉 어떤 종목의 값이 싸졌는지의 관점에서 보는 것이다.

| 전일대비등락률상위 | 시가대비등락률상위 | 예상체결등락률상위 | 당일거래상위 | 전일거래상위 | 거래대금상위 ◀ ▶ |

◉전체○코스피○코스닥 ○상승률○상승폭○보합 ◉하락률○하락폭 ☑상하한포함 거래대금 전체... ▼ • 조회
종목 전체조회 ▼ 거래량 전체조회 ▼ 신용 전체조회 ▼ 가격 전체조회 ▼ 시가총액 전체조회 ▼ ☑자동 ⚙

순위	분	신	종목명	현재가	전일대비	등락률	매도잔량	매수잔량	거래량	체결강도	횟수	L일봉H
8			신한 레버리	6,910 ▼	730	-9.55	743,237	772,349	418,995	104.53	5	
9	신		룽투코리아	7,240 ▼	700	-8.82	5,282	42,055	512,042	45.29	2	
10	신		회림	9,410 ▼	790	-7.75	32,594	21,480	1,474,869	38.22	1	
11	신		디어유	50,600 ▼	4,000	-7.33	4,159	17,812	243,652	35.55	2	
12	신		솔루스첨단	62,000 ▼	4,900	-7.32	17,162	30,136	706,655	33.83	4	
13			코오롱생명	33,650 ▼	2,550	-7.04	2,095	4,963	151,210	51.18	4	
14	신		메리츠화재	45,350 ▼	3,350	-6.88	5,234	35,103	337,429	48.10	3	
15			비덴트	16,700 ▼	1,250	-6.96	87,308	239,544	2,418,054	35.89	2	
16			삼부토건	2,305 ▼	160	-6.49	461,510	538,498	10,693,886	63.40	1	
17	신		삼성 인버스	2,450 ▼	165	-6.31	60,040	116,622	150,713	177.99	1	
18	신		컴투스	124,600 ▼	8,300	-6.25	657	12,403	226,531	42.09	3	
19			신한 인버스	2,410 ▼	160	-6.23	150,864	163,795	209,967	87.95	2	
20	신		다날	10,700 ▼	700	-6.14	295,432	514,105	2,787,056	42.82	2	
21	신		넵튠	21,700 ▼	1,400	-6.06	3,610	10,675	148,829	30.58	3	
22	신		디와이	11,200 ▼	700	-5.88	165,943	205,460	5,187,120	65.77	1	

순위 분석표를 통해 전날 대비 하락 종목을 알 수 있다.

가치투자는 '무조건' 주가가 저렴할 때 매수하는 것이 포인트다. 매일 하락 종목을 살펴보고 어떤 좋은 회사의 가치가 떨어져서 장기 이동평균선 아래로 밀렸는지를 체크하도록 하자. 그중에서 위에서 설명한 최저점 지지선과 코스닥 하락의 조건에 맞는 경우가 있다면 과감하게 매수하도록 하자.

손절과 익절 타이밍

어떤 매매든 손절이 없을 수는 없다. 손절은 본인이 판단하기 나름이다. 자신이 감당할 범위 안에서 손절 가격을 정하는 것이 좋다.

예를 들어 내가 -10% 이하로 하락하는 것이 싫다면 그 안에서 손절할 가격을 정한다. 매수 시점을 잡은 초기에 손절 가격도 같이 분석하는 것이 좋다. 그렇지 않다면 마냥 보유하는 경우가 발생하기 때문이다.

가치투자는 되도록 손절하지 않고 가격이 내려갈 때마다 추가 매수를 하는 것이 기본이다. 그러기 위해서는 최초 종목 선별이 무척 중요하다. 회사가 주식 시장에서 문제없이 운영되는 것을 기반으로 가치투자를 할 수 있기 때문이다. 또 만약 거래 정지나 상장 폐지와 같은 이슈가 발생하면 가치투자가 지옥투자로 바뀌게 되기 때문이다.

필자는 궁극적으로 여러분이 최초 종목 선별에 성공하여 가능한 한 손절하지 않고 수익을 내는 투자자가 되길 바란다. 하지만 이를 달성하기 위해서는 여러 상황을 통해 투자 경험을 해 봐야 하니 처음부터 손절 범위를 정하고 대응하도록 하자. 앞서 말했듯이 자신이 감당할 범위를 정해서 손절하는 것이 가장 바람직한데, 이는 가능한 한 최저점에서 매수했을 때를 전제로 한다.

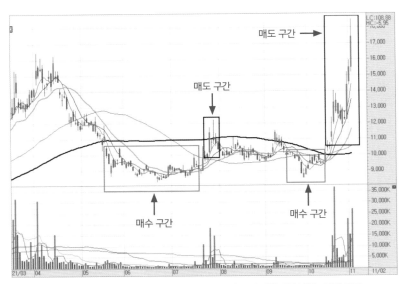

빨간색 네모 구간은 매수하는 구간, 검은색 네모 구간은 수익을 청산하는 구간이다.

위의 차트는 우리가 배운 대로 주식 시장이 밀리거나 120일선 밑에 있거나 지지선을 근거로 매수할 수 있는 차트이다. 아래 거래량을 보면 거래량이 대량 발생하면서 검은색 네모 구간과 같이 급등할 때 수익률이 30%가 넘게 된다. 스스로 판단할 때 호재가 없거나 확신이 들지 않으면 일찍 매도해도 괜찮다. 매수 자리만 좋다면 어떤 식으로든 수익을 내고 스스로 청산할 수 있다. 반드시 정해진 기준은 없으니 필자의 의견을 참고하여 자신의 경험을 쌓으며 손절과 익절을 하길 바란다.

특별히 홀딩(holding)해야 하는 경우

주식 투자에서 세력이 작정하고 가격을 올릴 때가 있다. 그것은 다시 오지 않을 호재가 생겼을 때이다. 예를 들면 2020년에 있었던 '코로나19' 사태를 이용한 상승을 말한다. 자주 오지 않는 기회를 이용하면 주가는 더 크게 오르는 경향이 있다.

투자자들 사이에도 이런 상황에서는 주가가 오르는 것을 충분히 납득하면서 과감하게 매수한다. 세력으로서는 매집만 잘되어 있다면 좋은 명분이 생겨 주가를 크게 올릴 수 있는 기회가 된다. 그럼 어떤 경우일까? 6장에서 이미 스토리에 대한 이야기를 다루었지만 여기서 조금 더 자세히 이야기해 보겠다.

전염병 사태

최근 코로나19 팬데믹 사태도 그랬지만 사스(2002년), 메르스 (2015년), 지카 바이러스(2016년) 때에도 주가가 크게 오른 적이 있다. 전염병이 돌 때는 상황을 해결해 줄 영웅적 제약 회사가 필요한 법이다. 그래서 이런 기대감을 이용하여 세력은 주가를 크게 올릴 명분을 찾고 상승시킨다.

전 세계가 주목하는 산업

현재 시점에서 전 세계가 주목하는 산업은 바로 '친환경'이다. 이후로는 메타버스와 수소 시대가 될 수도 있다. 전 세계가 주목하는 산업군에서 국내 회사가 인정받고 투자나 지원을 받을 경우 기대감이 매우 커진다. 글로벌 회사로 성장할 수 있다는 기대감 때문이다. 미국이나 중국의 경우는 내수 시장만으로도 나라를 경영할 수 있다. 하지만 우리나라는 그렇지 못하다. 대외 의존도가 높고 수출·수입에 대한 의존도가 절대적이다.

그렇기 때문에 한국 기업이 크게 성장하려면 중국이나 미국 시장에 반드시 진출해야 한다. 유럽 시장이나 중동 시장도 마찬가지다. 세계 경제 규모 1, 2위 나라에 진입하여 세계가 주목하는 산업군에서 인정받는다면 기업의 가치는 상승할 수밖에 없다.

회사 경영의 변경

대주주가 바뀌거나 다른 회사와의 인수합병도 강한 호재성 재료라고 앞서 말한 바 있다. 사실 경영의 방향이 바뀐다고 해도 회사 매출이 늘어날 것이란 보장은 없지만 사람들에게는 기대감이란 것이 존재하는 법이다. 그래서 내가 보유한 주식이 이런 이유로 상승을 한다면 길게 가져갈 필요가 있다.

가치투자에서 가장 중요한 것은 승률이다. 위에서 제시한 홀딩 기준에 부합하는 상승이 일어날 경우라면 주가가 최소 2배는 오르니 그때 수익을 최대한 많이 가져가도록 하자.

세력주 가치투자 종목은 대부분 오르는 특징을 갖고 있다. 그래서 우리가 고민할 것은 언제 팔 것인가이다. 그렇기에 특별히 홀딩하는 방법에 대해 언급하였다.

여러분이 최초 종목 선별에 성공한다면 승률은 보장됐다고 감히 말할 수 있다. 그러려면 단기간에 결과를 내려고 하기보다 과거 차트들을 충분히 돌려 보고, 결과를 테스트해 보고, 실제 매수도 하면서 경험을 쌓아야 한다.

자동차 운전에 비유해서 설명하자면 초보 운전자는 시야가 좁기 때문에 옆에서 이걸 봐라 저걸 봐라 말해도 그대로 행하지 못한다. 주식도 마찬가지다. 차트에 익숙하지 않은 투자자는 많은 정보를 습득해도 실전 투자에서 실수할 가능성이 높다. 그렇기 때문에 천천히 차트를 보고 복습하면서 실전 경험을 꾸준히 쌓는 것이 중요하다. 그러다 보면 필자가 말한 내용들을 모두 체득하여 좋은 결과를 낼 수 있을 것이다.

12장

세력주 가치투자 실전을 위한 차트 분석

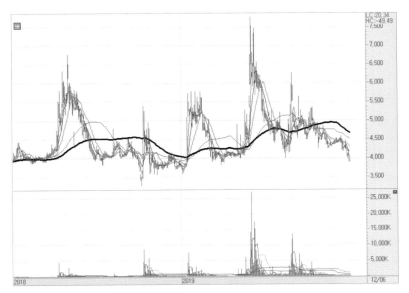

이제 실전 투자를 위해 기업 분석과 차트 분석에 돌입해 보자. 필자가 실제로 분석하는 방법을 토대로 예시 종목들과 매수 전략을 제시할 테니 참고하기 바란다.

예1 **시가총액 약 800억 원, 영업이익 3년 연속 흑자 기업. 특수시멘트 제조회사로 친환경 신소재 분야를 연구 중인 전통 있는 회사. 주식시장에서 테마주로 자주 언급되는 종목.**

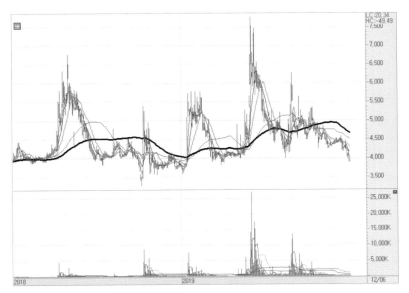

장기 이평선 120일선과 함께 움직인다.

위의 차트를 보면 회사가 기업 실적도 양호한 편인 동시에 거래량을 동반한 수급이 반복적으로 이어지는 것을 볼 수 있다. 이렇다 할 큰 상승 없이 주가는 4,000~8,000원을 맴도는 중이다. 이 책에서 설명한 내용을 토대로 세력이 매집 중인 주식으로 판단할 수 있다. 이런 회사는 지지선에 근거하여 매수 자리를 기다리도록 한다.

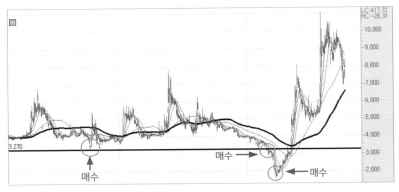

첫 번째 동그라미는 해당 주식의 최저점, 두 번째 동그라미는 최저점 매수 자리, 세 번째 동그라미는 주식 시장이 밀릴 때 추가 매수할 자리다.

해당 주식은 시장이 밀릴 때 추가 매입할 경우 단기간에 빠른 상승으로 수익을 볼 수 있다. 이때 주가가 천천히 오르면 자금을 회수하기 위해 일부 매도할 수 있지만 이렇듯 급등 형태로 오를 경우에는 거래가 터질 때 매도해도 괜찮다.

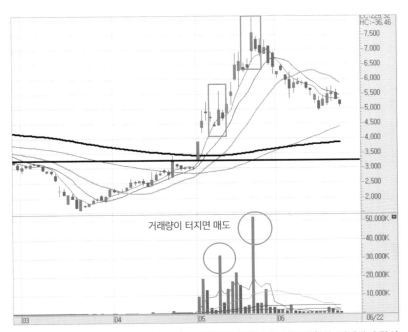

거래량이 터지면 매도

매도는 급등할 때 하는 것이 좋다. 또 신고 거래량이 발생할 때 해도 괜찮다. 거래량이 많이 붙는 것은 여러 투자자가 관심을 보인다는 의미이기 때문이다.

세력이 관리하는 주식이기 때문에 주식 시장이 하락해서 여러 투자자가 매도 포지션을 잡게 되면 세력에게는 더 좋은 기회가 된다. 그래서 이때 상승하는 것을 볼 수 있다.

시가총액 약 1,000억 원, 영업이익은 좋은 편이 아니지만 정부 정책주로 엮이면서 꾸준하게 주식 시장에서 주목받는 회사.

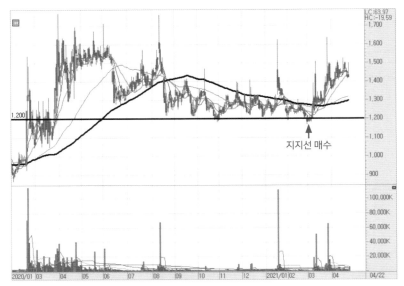

차트를 보면 한눈에 자주 지켜 준 가격선이 보인다.

해당 주식은 1차적으로 1,200원 선에서 주가가 흘러가는 것을 볼 수 있다. 이 구간을 1차 매수 자리로 잡고, 2차 매수는 깊게는 1,000원까지 계획을 세워 볼 수 있다.

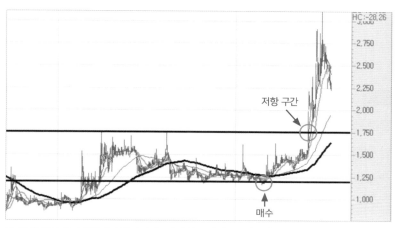

첫 번째 동그라미에서 매수했다면 두 번째 동그라미까지 홀딩할 수 있다.

매수 후 상승할 때 1,750원 저항 부근에서 매도할 수도 있지만(최고가 가격은 보통 저항으로 잡는다.) 거래량이 동반하고 호재를 동반하여 뚫고 오를 경우 1,750원 아래로 떨어지기 전까지는 홀딩하여 수익을 더 가져가 볼 생각을 해야 한다.

이때 어떤 호재로 상승했는지 살펴보자. 급등한 당일은 서울 지역에 녹지 공급 목적으로 서울역에서 용산역까지 서울 숲길을 조성한다는 이유로 해당 주식이 상승하였다. 서울시에 이런 대규모 프로젝트가 시행된다면 매우 큰 공사가 되리라 예상할 수 있다. 그렇기 때문에 상승의 힘이 강한 것이다.

이런 경우 정부 정책에 맞춰진 전형적인 수혜주이기 때문에 뉴스의 반응과 정부 측에서 얼마나 강조하느냐에 따라 분위기를 살필 수 있다. 그래서 분위기에 따라 매도를 해 나가면 된다. 이런 호재는 정치 공약으로 사용되기 때문에 선거철에 이와 같은 급등이 이루어졌다면 매도하지 않고 계속 끌고 가는 것도 괜찮은 전략이 된다.

예3 **시가총액 1,900억 원 규모의 온라인 결제 사업 회사. 매출은 꾸준하지만 제대로 된 상승이 나온 적 없고 강한 매집 차트의 급등 형태만 있다.**

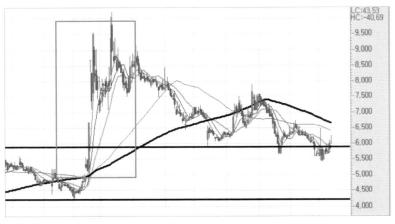

큰 상승이 나온 것은 맞지만 가격 자체를 보면 4,500~9,500원으로 올랐을 뿐이다.

강한 상승이 1차적으로 나왔지만 그 힘이 오래가지 못했다. 세력주는 한 번 올리기 시작하면 3개월은 주식 시장을 뜨겁게 달군다. 그러나 위의 주식은 그런 움직임보다 매집으로 보이는 급등 후 급락의 모습을 반복하였다. 매수는 당연히 6,000원 부근의 지지선을 1차적으로 볼 수 있고, 2차 매수는 4,500원 부근으로 볼 수 있다.

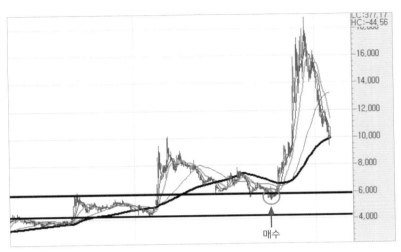

이후로 테마주로 영입되어 큰 상승을 만들어 냈다.

    2차 매수 자리까지 오지 않고 곧바로 상승 흐름으로 이어졌다. 상승할 당시 온라인 게임과 NFT 관련 테마가 주목을 받아 결제 관련주인 해당 회사의 주가가 크게 오르게 됐다.

예 4 **시가총액 2,000억 원, 유아 콘텐츠 제작 회사. 세계로 유아 콘텐츠를 수출하며 입지도를 높여 가고 있다. 그런데 주가는 제대로 된 상승이 없다.**

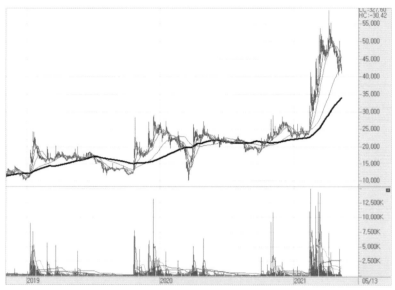

120일선과 차트 흐름의 관계를 보고 결과적으로 2021년의 상승을 보면 세력이 올린 시점을 알 수 있다.

이제 차트의 흐름이 눈에 잘 보이는가? 위 주식은 거래량 발생률은 높지만 일정하게 한 방향을 잡고 3개월 이상을 상승 흐름으로 전개된 적이 없었다. 그런데 2021년 상반기에 큰 상승이 나왔다. 이처럼 120일선과 차트가 함께 움직이는 종목은 반드시 세력이 올리는 시점이 발생한다는 것을 잊지 말아야 한다. 위 회사 역시 매출이 꾸준하게 발생하는 곳이었다. 가치투자자는 주식 시장이 밀릴 때, 또는 주가가 급격하게 이격도를 벌리면서 떨어질 때를 기회로 삼아 매수해야 한다는 것을 항상 기억하길 바란다.

13장

세력주 가치투자를 할 때
조심해야 할 점

실전을 맞이하는 여러분에게 일반적으로 투자할 때 실수하고 조심해야 할 부분을 이야기해 보겠다.

분위기 따라 가지 마라

주식 시장이 하락하게 될 경우 언론에서는 주식 시장 하락에 대한 문제를 다룬다. 동시에 주식 시장이 왜 하락하는지 원인을 분석하는 데 보통의 경우 하락하는 주식 시장에 대해서는 비관적 태도, 상승하는 주식 시장에 대해서는 낙관적 태도를 취한다. 이 때문에 대부분의 투자자는 언론에서 말하는 분위기에 심취되어 바른 판단을 하지 못하게 된다.

지금까지 배운 것을 토대로 본다면 주식 시장 분위기가 좋지 않을 때 세력주를 사야 한다. 그때가 주식이 저렴해지는 기회이기 때문이다. 언론이나 사람들의 매도세 분위기를 이기지 못하여 매수하지 못

동그라미 부근은 주식 시장이 하락할 때의 상황이다. 통상 금융권에 문제가 없다면 주식 시장은 반등이 나오기 마련이다.

한다면 좋은 기회를 놓치는 것이다. 하락할 때는 항상 주식 시장의 압박이 심한 법이다.

여러분은 세력주 가치투자를 배우지 않았는가? 가치투자란 멀리 보고 회사의 가치와 더불어 세력의 힘을 평가하는 것이다. 그러니 분위기에 좌우되지 말고 차트 분석을 통해 진입할 때 과감하게 진입하고 나올 때도 과감하게 나오길 바란다.

섣불리 사지 마라

대부분 투자자는 분석보다 '감정'에 기초하여 매수와 매도를 한다. 손실을 보는 계좌가 보기 싫어서 매도하기도 하고, 남들이 다 살 때

나만 안 사면 바보가 되는 느낌이라 매수하기도 한다. 주식은 '환불'이 없으므로 매수와 매도는 매우 신중해야 한다.

주식 주문을 잘못 넣어서 순식간에 -10%가 하락했다고 가정해 보자. 실수를 누가 인정해 주는가? 동네 마트에서는 물건이 훼손됐거나, 내가 잘못 샀을 경우 영수증을 지참하면 환불해 준다. 경우에 따라서는 영수증이 없어도 환불해 주기도 한다.

그러나 주식은 그런 경우가 결코 없다. 심지어 증권사 직원의 실수로 주문이 잘못 들어가도 투자자의 책임이 된다. 인터넷 회사의 실수로 회선에 문제가 생겨도 손실은 투자자의 책임이다. 심지어 투자하던 회사의 임원이 회사 자금에 손을 대 횡령한 사실이 드러나도 주가가 하락한 부분은 투자자가 책임져야 한다. 이유를 불문하고 매수를 했다면 투자자의 책임인 것이다.

주식 시장은 얼마나 꽉 막히고 봐 주지 않는 곳인가? 그만큼 주식 시장은 무섭다. 매수를 누를 때 자신이 보는 관점이 올바른지, 배운 것을 토대로 바르게 매수했는지 꼭 체크해야 한다.

필자가 이 책에서 계속 강조하는 부분은 내가 매수하는 시점에서 3년 안에 대시세가 나온 적이 없어야 한다는 것이다. 더불어 적자 회사의 주식을 사면 안 된다. 이런 점들을 꼼꼼하게 체크한 뒤에 매수하면 성공률은 높아진다. 그러나 가볍게 체크하고 섣불리 매수 버튼을 누른다면 생각지 못한 변수에 휩쓸려 모든 책임을 본인이 져야 하는 상황이 발생한다. 주식 투자는 항상 신중해야 함을 잊지 말아야 한다.

기준선을 잡고 손절하라

어느 누구도 자신이 일하는 분야에서 완벽할 수는 없다. 사람이기 때문에 실수할 수 있고 실패할 때가 있다. 축구 경기에서 골키퍼가 평생 단 한 골도 안 먹히는 일이 가능한가? 불가능하다. 주식은 더욱 더 그렇다. 다양한 변수와 상황이 작용하기 때문에 때로는 손실을 입을 때가 있다. 그럴 때는 더 큰 손실이 이어질 가능성을 염두에 두고 '손절'을 해야만 한다. 하지만 초보 투자자들은 대부분 손실을 싫어하기 때문에 손절을 하지 않는다.

손절을 하지 않는 것이 유행이 될 정도로 '버티기'가 주식 시장의 트렌드가 되어 버렸다. 그러나 그래서는 안 된다. 물론 어떤 때에는 운 좋게 버텨서 수익을 낼 수도 있지만 그렇지 못한다면 정반대의 처참한 결과가 나올 수도 있기 때문이다.

가치투자는 기본적으로 손절보다 추가 매입 전략을 갖고 나아가는 것이 맞다. 그러나 초보자의 경우에는 원칙과 다르게 실수하여 매수할 수도 있다는 점을 기억해야 한다. 그렇기 때문에 차트가 익숙해지기 전에는 기준선을 잡고 손절을 하도록 해야 한다. 그러니 시행착오를 겪는다고 생각하고 꼭 손절 대응을 하길 바란다. 주식에서 가장 주의해야 할 부분은 주식 시장의 변수를 무시하는 것이다.

반대매매에 주의하라

가치투자는 특성상 주가가 언제 오를지 모른다는 단점이 존재한다. 자신의 돈이 아닌 신용 미수를 통해 매수할 경우에는 이 단점이 큰 걸림돌이 되고 만다. 강제로 청산당할 경우 놔두면 오를 주식을 보유하지 못하고 손실을 입기 때문이다. 그래서 자신의 돈이 아닌 다른 자금을 끌어들여 주식 투자하는 행위는 하지 말아야 한다.

주식 시장의 대시세 순환 주기

대부분의 사람은 주식 시장이 좋고 상승할 때 처음 주식을 시작한다. 누군가 주식으로 돈을 벌었다는 소문을 듣고, 뉴스에서 주식 시장이 크게 상승 중이라는 소식을 듣고 주식 투자를 시작한다. 많은 투자자가 소문을 듣고 주식 시장에 참여할수록 주식 시장의 과열은 끝에 이르렀다고 볼 수 있다. 바닥에서 매집한 세력들이 주식을 신나게 올리고 주가가 크게 올랐을 때 매도를 하면서 주식 시장에서 빠지기 시작한다.

세력이 나가면 누가 주식 시장을 올려 줄까? 개인들의 자금만으로는 턱 없이 부족하다. 외인, 기관도 높아진 주식을 공격적으로 계속 매입해 줄 리 없다. 결국 주식 시장 끝물의 최후는 개인 투자자가 맡게 된다. 주식 시장이 과열인지 아닌지 구분하지 못하는 투자자들이 모든 매물을 사들여 결과적으로 손실을 입게 되는 형태로 마감하는 것이다.

세력이 가장 크게 상승시키고 가장 수익률을 크게 올리는 섹터는 바로 '바이오 섹터'이다. 한국 코스닥의 경우 바이오 주가들이 오르기 시작하면 글로벌 경기가 아무리 좋지 않아도 주가가 크게 오르게 된다. 바이오 섹터는 실제 만들어진 결과물이 아닌 임상 실험 성공이란 기대감으로 주가가 오르기 때문이다.

실제로 돈을 벌지 못했어도 주가는 하늘 높은 줄 모르고 오르는 것이 바이오 섹터이다. 고점이 어디인지 예상할 수 없을 정도로 크게 오르는 주식 시장이기 때문에 투자자들이 열광하며 투자한다. 어떤 종목은 10배 이상 오르기도 한다. 덕분에 실제로 돈을 번 개인 투자자도 많이 생겨나고 주식 시장에 참여하는 사람마다 조금이라도 수익을 보게 된다.

하지만 영원한 상승은 없는 법이다. 상승 랠리로 인해 개인 투자자들이 전 재산을 투자하는 동안 세력은 이미 빠져나가고 있다. 세력이 다 빠져나간 바이오 섹터는 결국 허상이라는 결말로 결론 나게 되고, 기대했던 임상 실험 소식은 더 이상 들리지 않고 온갖 악재만 남긴 채 모든 결말을 개인 투자자가 뒤집어쓰게 되는 것이다.

한국 코스닥 시장은 안타깝지만 대세 상승이 나온 시점마다 결말이 이랬다. 모든 결말을 뒤집어쓰게 된 개인 투자자들이 지치고 주식을 던질 때쯤 세력은 바닥에서 주식을 다시 매집하여 주가를 올린다. 주기로 따지면 대세 상승이 나온 뒤 2~3년 동안은 주식 시장이 좋지 않게 되는 것이다. 그리고 투자자들이 지쳐서 주식 시장을 떠날 때쯤 세력이 다시 바이오 섹터를 올리기 시작한다.

첫 번째 동그라미는 2015년 하반기에 바이오 섹터가 상승한 모습, 두 번째 동그라미는 약 2년이 지난 2017년 하반기에 바이오 섹터가 상승한 모습, 세 번째 동그라미는 약 2년 6개월이 지난 2021년 상반기에 바이오 섹터가 상승한 모습이다.

　　물론 공식과 같이 바이오 섹터가 또 2년 뒤에 오르리란 법은 없다. 하지만 중요한 것은 대부분의 투자자가 주식 시장이 과열될 때 들어왔고, 이전에 주식 시장에서 손해를 보고 나간 투자자들과 마찬가지로 가장 높아진 가격에서 투자를 하고 있다는 것이다. 여기서 주식 시장이 1년 이상 좋지 않게 흘러간다면 대부분 주식 시장에 대한 신뢰가 무너져 주식을 그만할 생각을 갖게 된다.

　　필자는 여러분이 이런 과정에 있다는 것을 스스로 인지하고 하락 시장에서 가치투자를 통해 주식을 모아 가고 대세 상승 시장이 올 때 좋은 결과를 내길 바란다. 우리는 약 1년 전에 가장 좋은 주식 시장을 경험했다. 하지만 이 책을 집필하는 시점까지 주식 시장은 매우 좋지 않게 흘러가고 있다. 여러 악재가 등장하고 주식 시장은 가망이 없는 것처럼 보인다.

하지만 한편으로 꼭 기억해야 할 것은 주식 시장이 이렇게 좋지 못하고 주가가 내려갈 때 세력은 자신들의 자금을 주식 시장에 투입한다는 것이다. 그들은 내려가는 주식 시장에서 다시 매집하고 있으며 매집이 충분히 되고 주식 시장에서 개인 투자자들이 거의 사라질 때쯤 주가를 다시 올리기 시작할 것이다. 주식 시장은 항상 이런 방식으로 상승과 하락을 반복해 왔고 앞으로도 그럴 것이다. 주식 시장을 크게 보고 다시 올 기회를 놓치지 않길 바란다.

부록

세력주
Q&A

Q 거래량을 통해 세력이 빠져나갔는지 알 수 있나요?

네. 세력이 가장 힘들어하는 것은 다름 아닌 '매도'입니다. 매집은 호재와 더불어 매수를 적극적으로 하기만 하면 됩니다. 상한가가 만들어지면 더 좋습니다. 상한가 다음 날에도 거래량이 활발하기 때문에 이를 이용해서 세력은 적극적으로 매수를 할 수 있습니다.

세력 입장에서 가장 골치 아픈 부분은 매도 거래량입니다. 매도에 물량이 실린 채로 하락할 경우 많은 투자자가 따라서 매도하게 됩니다. 매수 거래량이 터질 때 따라서 매수하듯, 매도 거래량이 터지면 똑같이 따라서 매도하기 때문에 주가는 더 큰 폭으로 하락하게 됩니다. 그렇게 되면 세력은 높은 가격에서 매도할 수 없기 때문에 은밀하게 매도해야만 합니다.

그래서 세력은 보통 주가가 정배열로 만들어지고 호재와 더불어 상승을 줄 때 롱바디 양봉에서 매도를 하고 나갑니다. 높은 위치에서 상한가를 만들면 더 좋습니다. 상한가는 계속 설명했다시피 호재를 동반해서 강한 매수세를 만들어 주기 때문입니다.

그래서 투자자 입장에서는 3배 이상 오른 주가 위치에서 거래량이 유독 많이 터지면서 호재와 더불어 롱바디 양봉일 경우 유의할 필요가 있습니다. 이후로 주가가 더 상승할 수도 있긴 하지만 그때가 세력이 나가기 좋은 기회라는 점을 잊어서는 안 됩니다.

Q 주도 세력이 바뀔 수도 있나요?

아니라고 봅니다. 이유는 세력의 규모와 돈 때문입니다. 시가총액이 낮은 종목은 운영되는 돈의 규모가 작아서 주도 세력이 바뀔 가능성이 있을 수 있지만 시가총액이 1,000억 원이 넘어가고 더불어 섹터가 동시에 움직이는 영역은 다르다고 봅니다. 합쳐서 5,000억 원이상의 자금이 투입되기 때문입니다. 이런 규모의 자금이 한순간에 물량 교체되어 세력이 바뀌기는 어렵지요. 더군다나 이런 규모의 주식들은 회사의 내부 스케줄도 아주 자세히 알 수 있습니다.

세력은 주가를 올릴 때 진짜와 가짜를 섞습니다. 회사가 어떤 방향으로 흘러갈지, 그리고 정부 차원에서 어떤 정책과 연결 지을지 사전에 치밀한 계획을 세워 놓았다고 봅니다. 그래서 자금 규모가 큰 세력일수록 주도 세력은 바뀔 수 없다고 봅니다. 그러니 시가총액이 낮은 종목은 되도록 매수를 피하길 바랍니다.

Q 중대형주 차트는 누가 만들고 그들은 얼마를 버나요?

주당 가격이 46,000원, 시가총액은 1조 원이 넘는 회사인데 거래 량과 상승 움직임을 보면 소형주 같습니다. 세력주로 보이는데 이런 주식은 누가 움직일 수 있는 걸까요?

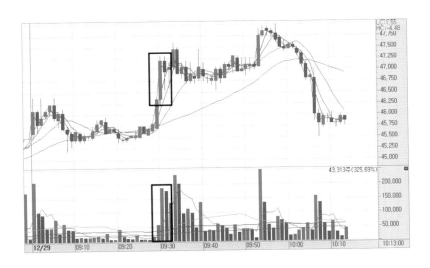

위 회사의 경우 단 1분 만에 주가를 상승시키기 위한 거래대금 80 억 원이 연속으로 발생하는 것을 저도 목격했습니다. 위 주가는 산업 주로 한국 증시에서 우량회사로 알려진 종목임에도 불구하고 주가가 널뛰기하는 모습을 보여 준 것이죠.

1분 만에 80억 원의 시장가 매수와 더불어 주가의 급락과 급등을 반복할 수 있는 사람들은 누구일까요? 국내 세력이라면 분명히 금융감독원에서 시세 조작 행위를 적발했으리라 생각합니다. 그렇지 않아도 최근 정치 테마주의 시세를 조작한 세력에 대해 조사를 실시했다는 기사가 나왔습니다.

금융감독원의 모니터링 시스템은 구축이 잘된 편이라 누군가 시세 조종의 행위를 할 경우 즉각 적발됩니다. 그럼에도 널뛰기하는 주가는 하루에도 수십 개가 넘습니다. 이런 경우는 어떻게 설명할 수 있을까요? 해외에 있는 세력이 국내로 유입됐을 가능성이 있다고 봅니다.

앞에서 설명했듯이 한국 주식 시장은 전 세계 금융 시장의 2% 내외 수준입니다. 단적인 예로, 미국에 쏟아지는 돈들이 한국 주식 시장에 쏟아질 경우 한국 증시는 너무 쉽게 오르는 모습을 보여 줍니다. 한국 코스닥 기업의 바이오 제약 회사들이 일시적으로 오른 때가 그러했습니다(2015년, 2017년 후반, 2020년 중반). 위의 예시 차트와 같이 바이오 회사들의 1분당 거래대금으로 100억 원의 돈이 쏟아졌습니다. 평소 한국 주식 시장에서 볼 수 없던 규모였습니다.

그렇듯 위와 같은 경우는 국내 자금 동원으로 이해할 수준이 아니고 해외 자금으로 인한 주가 상승으로 이해할 수 있습니다. 그들이 차익을 실현하는 돈의 규모는 정확하게 알 수 없으나 제 경험으로 볼 때 바이오 섹터는 최소 5배, 산업주는 최소 2배의 수익률을 올린다고 생각합니다. 한국의 금융감시제도가 아무리 잘되어 있어도 해외 유입 자금까지 모니터링하는 건 사실상 불가능한 일이라 생각합니다.

Q 예상 외로 실패하는 차트 유형이 있을까요?

네. 주식은 100% 확신을 가질 수 없는 영역입니다. 그래서 언제나 실패에 대한 대응을 염두에 두어야 합니다. 실패하는 차트 유형, 즉 손해를 감수하더라도 빠져나와야 하는 차트 유형은 존재합니다. 그것은 보합권에서 일어나는 '악재'입니다.

세력은 주식을 매집한 후 보합 흐름으로 보냅니다. 매집이 충분히 된 상태에서는 세력이 주가를 의미 없이 떨어트릴 이유가 없습니다. 그저 누군가 매수하려 할 때 살짝만 주가를 내려도 됩니다. 그런데 보합 중 악재가 터져서 주가가 급속도로 하강하는 경우가 있습니다. 이런 경우는 회사에 '실제적' 악재가 터진 것이기 때문에 투자한 사람으로서는 매도를 하는 것이 좋습니다.

위 차트를 보면 급등이 있긴 했으나 3배 이상 오른 차트는 아니었

기 때문에 지지선을 근거로 매수할 수도 있습니다. 그러나 빨간색 네모를 보면 악재가 동반하면서 -14% 시초가가 하락하게 됩니다. 이때는 과감하게 매도를 선택해야 합니다. 이것은 회사에 문제가 생긴 '진짜' 악재이기 때문입니다. 이럴 때는 꼭 매도해야 합니다. 경험상 바닥권에서의 저런 하락은 회사 경영에 큰 문제가 생겼을 때 발생하는 차트입니다.

Q 장기 이평선 아래에 머물다가 더 크게 하락하는 경우는 왜일까요?

2가지 중 하나입니다. 하나는 대시세가 이미 나왔기에 계속 매도물량이 쏟아지는 경우이고, 또 하나는 회사 경영에 문제가 생겨 발생하는 경우입니다. 그렇기 때문에 차트 흐름을 꼭 길게 보고 해당 주식이 사람들에게 알려질 만큼 큰 상승이 나왔는가를 체크하기 바랍니다.

Q 매매법이 익숙해지려면 얼마큼의 기간이 걸릴까요?

　사람마다 다르겠지만 저는 주식 시장을 경험하기 위해서는 3년을 보내야 한다고 봅니다. 이유는 한국 주식 시장의 사이클과 연관이 있습니다. 한국 주식 시장은 지정학적 리스크를 갖고 있기 때문에 대외적 이슈에 따라 주가가 요동을 칩니다. 좋은 회사라 할지라도 북한이 미사일 한 번 쏘면 흘러내리는 것이 주식입니다. 매우 억울하죠.

　하지만 반대로 아직은 세계 주식 시장에서 소외된 주식 시장으로 분류되기 때문에 조금만 주목을 받아도 주가가 크게 오르는 다이내믹한 상황이 만들어지곤 합니다. 그렇기 때문에 주식 시장이 좋을 때와 좋지 않을 때 모두를 겪어야 주식 시장에 대해 안다고 말할 수 있습니다. 최소 3년 정도의 사이클을 보내면 이러한 상황을 모두 경험할 수 있습니다.

　배운 내용을 실전에 접목하고 매매를 진행하다 보면 시간이 금방 흐릅니다. 한 종목을 갖고 씨름하다 보면 3개월이란 시간이 금방 지나갑니다. 이런 식으로 경험을 쌓고 매매를 10회만 반복해도 30개월이 지나갑니다. 그 정도는 돼야 각 종목마다의 특성과 성공 경험, 실패 경험이 쌓이지 않을까요?

　회전이 빠른 단타는 몇 달이면 주식 시장 분위기를 알게 되지만 가치투자는 주식 시장을 꽤 긴 시간 누려야 한다는 한계가 있습니다. 주식 시장을 오래 경험할수록 노하우는 더 깊게 쌓이는 법입니다. 그러니 첫 술에 배부를 생각은 하지 않는 것이 좋습니다.

Q 손실이 날 때 계좌 관리나 멘탈 관리는 어떻게 하나요?

주식의 미래를 100% 예상할 수는 없기 때문에 주가가 내려갈 경우 투자한 종목에 대한 불안감이 생기게 됩니다. 우리나라 증시는 종종 예상치 못한 상황에서 큰 하락을 맞곤 합니다. 대외적 악재로 인해 증시가 떨어지는 것입니다.

그래서 회사의 가치와 상관없이 주가가 하락할 때에는 내가 투자한 회사가 좋은 호재가 있고 기술력을 가지고 있다면 너무 두려워할 필요가 없습니다. 더군다나 세력주가 장기간 매집한 흔적이 보인다면 더욱 그렇습니다.

투자를 하다 보면 주식 시장 하락으로 계좌가 -30%까지 내려갈 수 있다고 봅니다. 보통의 경우 -30% 손실 중이라면 정신적으로 힘듭니다. 하지만 세력주는 변동성이 강점이기 때문에 상승할 경우 50%, 100% 상승을 짧은 시간 안에 만들기도 합니다. 그렇기에 세력주 가치투자를 할 때에는 -30% 하락 정도는 감수해야 합니다.

세력주가 매집 중에 평균 -50%까지 내리는 걸 목격한 경험도 있습니다. 오히려 -30%가 하락했다면 반등할 때가 됐다는 걸 의미한다고 봐야 합니다. 공포에 빠진 시선으로 계좌를 볼 것이 아니라 '충분히 조정을 받았구나.'라는 생각으로 이해해야 합니다.

주식 투자에서 불안감은 전혀 도움이 되지 않습니다. 항상 객관적인 시각과 경험과 분석으로 계좌를 봐야 합니다. 세력주 가치투자를 시작했다면 -30% 정도부터 오히려 매입을 고려해 보는 것을 추천

합니다. 만약 -10% 정도라면 추가 매수를 해서는 안 됩니다. 세력 매집 종목은 하루 이틀이면 -10% 정도 하락을 만들기 때문에 그 이하로 떨어질 경우 비중이 높아져서 손실이 더 누적됩니다. 그러니 짧게 대응하지 말고 되도록 길게 보길 바랍니다. 계좌가 손실이라 보지 말고, 더 싸졌다고 생각해야 합니다.

전쟁터에 들어온 당신을 응원한다

필자는 주식을 '전쟁터'라 생각한다. 이유는 비싸진 주식을 누군가 사 줘야 또 다른 누군가 수익을 낼 수 있는 곳이기 때문이다. 곧 누군가의 '자본 희생'이 있어야 승리할 수 있는 곳이 주식 시장이다. 돈을 벌기 위해 투자하지만 반대로 돈을 잃을 수도 있다. 오늘 매매에서 수익을 봤다고 방심할 수 없다. 다양한 변수로 인해 내일은 오늘 번 돈을 다 잃을 수 있는 곳이 주식 시장이다.

주위를 둘러보면 주식해서 손해 본 사람이 굉장히 많다. 반대로 주식으로 돈 번 사람은 거의 없다. 그 말은 대부분의 사람이 주식 시장에서 돈을 잃고 나간다는 것을 의미한다.

흔히 돈을 표현할 때 '피땀 흘려 번 돈'이라 하는 사람이 많다. 비유지만 그건 사실이다. 우리의 피와 땀의 결실인 '돈'을 주식 시장에 투입하면 이 돈이 불어날 수도, 또는 사라질 수도 있다는 것을 항상 염두에 두어야 한다. 주식 시장에서 돈이 사라질 때는 우연이라기보다 자본 세력의 의도적 움직임에 의해 사라졌다 보는 편이 맞다.

수많은 투자자가 주식 시장에서 돈을 잃었다면 반대로 그 돈을 누군가 가져갔다는 뜻이 아니겠는가? 그럼 누군가는 돈을 벌었다는 말이다. 분명히 대부분의 개인 투자자는 손해를 본다. 그럼 누가 돈을 벌었겠는가? 앞에서 설명했듯이 바닥에서 매집한 세력이 돈을 벌었다고 봐야 한다. 분명히 바닥에서 누군가 샀고 비싸진 가격에서 누군가 팔았다. 그것이 세력이다.

그럼 세력은 우연히 고점에서 주식을 파는가? 그렇지 않다. 철저한 설계 아래 저점에서 매집한 뒤 언론과 차트를 조종하여 투자자들이 비싸진 가격에도 주식을 사게끔 만든다. 언론이 받쳐 주고 차트가 계속 오르는 모양을 보여 주면 투자자들은 대부분 유혹에 빠지게 된다. 이 패턴은 수십 년이 지나도 계속 반복되고 있고, 개인 투자자들도 수십 년째 반복해서 이로 인한 손실을 입고 있다.

전쟁은 무엇인가? 남의 것을 빼앗기 위해 싸우는 행위 아닌가? 주식 시장도 마찬가지다. 타인의 자금으로 자신들이 보유한 주식을 비싸게 팔기 위해서 온갖 술수를 부리는 곳이다. 결국 세력은 완벽한 설계와 계획을 통해 언제나 승리를 거둔다. 개인 투자자들의 심리를 누구보다 잘 알기 때문에 세력의 작전은 언제나 성공한다.

이런 술수와 음모에 맞서 개인이 수익을 얻으려면 어떻게 해야겠는가? 전쟁터에서 막연한 생각과 계획으로 싸워 이길 수 있는가? 상대방은 내 돈을 빼앗기 위해 수년간 준비하는데 어중간한 자세와 태도로 이길 수 있겠는가? 그래서는 결코 이길 수 없다.

상대방만큼 나도 치밀해져야 하고, 더 계획적으로 접근해야 한다. 감정에 휘둘리지 않고 언제나 냉정한 자세에서 수싸움을 벌여야 한다. 그래야 이길 수 있다. 아무 준비도 안 된 투자자는 설계된 세력의 계획에 휘둘리고 모든 것을 빼앗기게 된다.

주식 시장은 분명 누가 시작하라고 떠민 곳이 아니다. 자의적으로 주식 시장에 들어와 투자를 하고 있다. 그러나 정말 자의적으로 주식 시장에 온 것일까? 사실 대부분의 투자자가 자의로 주식 시장에 들어왔다고 생각하지만 돌이켜 보면 주식을 시작한 계기는 세력이 크게 올린 차트를 통해 소문이 나서였다.

주가가 크게 오르면 뉴스에 나오고, 주변인 중 누가 돈을 벌었다는 소문이 들리며, 언론에서 주식으로 돈 번 사람을 소개해 준다. 세력이 언론을 통해 간접적 홍보를 벌이면 아무것도 모르는 사람도 주식을 할 수 있을 것 같고 주식이 쉽고 재미있게 느껴진다. 때문에 아무 의심 없이 '나도 해 볼까?'라는 생각으로 투자를 시작한 것이다.

그렇게 시작했다가 욕심이 생기고 손실이 발생하니 계획에도 없던 자금을 모두 끌어와 투자한다. 이런 모습은 초보 투자자들의 공통된 패턴이다. 그런데 이것은 우연이 아니라 세력이 애초에 초보 투자자들의 심리를 알고 적극적으로 홍보를 한 것이라고 생각해야 한다. 직접 등을 밀어 주식 시장에 들어오게끔 한 것은 아니지만 주식 시장에 자연스럽게 찾아오도록 유도했다고 봐야 하는 것이다.

필자는 세력이 전쟁에서 승리하기 위해 언론까지도 이용한다고 본다. 과거 도박계 타짜로 유명했던 전직 프로타짜 정병윤 씨가 이런 말을 했다.

"도박판은 이미 교묘하게 짜인 곳이기 때문에 그곳에서 돈을 벌려는 사람은 제정신이 아니다."

필자 역시 이 말에 매우 공감한다. 돈이 지배하는 곳에는 언제나 속임수와 사기가 있는 법이다. 도박판뿐 아니라 주식, 부동산 등 돈과 관련된 모든 일에는 돈을 쉽게 벌기 위한 누군가의 설계가 있다.

필자는 이런 현실을 너무 많이 봐 왔고, 실패한 투자자도 많이 봐 왔기 때문에 진심으로 당부의 메시지를 전하고 싶다. 부디 제대로 된 준비 과정을 거쳐서 매매하라는 것이다.

필자는 세력이 작전을 펼칠 때 움직이는 자금의 규모가 최소 5,000억 원 이상일 것으로 예상한다. 섹터가 함께 움직이고 섹터에 포함된 시가총액과 거래대금을 계산해 보면 최소 5,000억 원 이상이 되어야 총괄적 지휘가 가능하다고 보기 때문이다.

세력 입장에서는 대규모 프로젝트인데 급등주가 오르듯 3~10배로 주가가 오르면 얼마나 수익률이 큰 시장인가? 그러니 세력은 치밀한 사전 계획과 온갖 방법을 동원해 술수를 꾸미지 않겠는가? 매집 기간도 1~3년으로 예상해 볼 때 더욱 더 확실하게 준비해야 하는 프로젝트가 아니겠는가?

이 책은 사실 처음부터 끝까지 '음모론'을 다룬 주식 서적이라 할 수도 있다. 심증은 있으나 신빙성 있는 자료를 제시하지 못함에 필자 스스로 아쉬움이 있다.

과거 주가 조작 사례와 오늘날 오르는 주식들의 모습과 패턴이 매우 비슷하다. 바닥 매집, 주가 관리, 상승하며 호재, 허상, 개인 투자자들의 고점 매수, 세력 매도 등에서 공통점이 많이 보인다.

필자는 여러분이 이 책을 읽고 최소한 세력으로 인해 손해 보는 일은 없었으면 하는 바람이다. 세력을 소개하는 이론 책이 아닌 세력주의 패턴을 알려 주는 것이 이 책의 목적이기 때문에 더욱 그러하다.

무엇보다 중요한 것은 세력주가 사실이냐, 음모론이냐를 떠나 실제로 주가가 그렇게 움직인다는 것이다. 필자가 말한 틀과 범위 안에서 실제로 여러분이 경험을 통한 매매를 하다 보면 직접 답을 찾을 수 있을 것이다. 아무리 강한 전쟁 상대라 할지라도 약점이 없지는 않다. 우리는 수많은 역사를 통해 약한 진영이 강한 진영을 지혜로운 방법으로 이기는 내용을 접해 왔다. 주식도 마찬가지다.

세력의 약점은 매집 과정에 있다. 급등하는 시점에는 세력이 주식 가격을 흔들며 투자자들이 쉽게 수익을 얻지 못하도록 한다. 그러나 그들은 결국 주식을 올려야만 하기 때문에 매집 중에는 그런 행동들이 제한된다. 우리는 이 부분을 공략하는 것이고 여러분은 이 내용을 배운 것이다.

필자는 여러분이 이 책에 담긴 내용을 이해하고, 휘둘리는 매매가 아닌 여유 있고 재미있는 주식 투자를 하길 바란다. 혹여나 책 내용에 관하여 궁금한 점이 있다면 언제든지 '와조스키 주식 채널'에 와서 질문과 이야기를 나누길 바란다. 여러분이 책으로 끝이 아니라 이후에도 계속적인 소통을 통해 보다 나은 주식 매매를 하길 바라기 때문이다. 부디 좋은 성과가 있길 바란다.